ENTREPRENEURSHIP
LECTURE NOTE

제2판

기업가정신
강의노트

신 의 식

法 文 社

제2판 머리말

　기업가정신의 수업시수 1시수 즉 1학점짜리 수업에 맞는 교재가 없어 직접 집필하여 교재로 출간한 지도 벌써 2년이 흘렀다. 자료 수집에서 교재를 쓰기까지 쉽지 않은 시간을 보냈던 것도 이제는 기억의 저편으로 지나갔으나, 기업가교재가 초판이 간행되었던 당시를 회상해 보면, 무엇인가 해냈다는 기쁨의 뿌듯함을 느꼈던 기억이 있다.

　맞춤형 교재가 준비되어 있다는 것은 1학점의 교양과목이라 우습게 보거나 허투루 임하려는 학생들의 자세부터 바꿔놓았다. 교재가 준비된 이후 수업 시간에는 이전에는 극히 보기 드물었던 질문을 하는 학생의 수가 늘었다는 것이다. 아주 고무적인 일이다.

　기업가정신 과목은 왜 필요한가? 학생들로부터 가장 많이 받는 질문은 기업가정신 과목 수강의 필요성이었다. 본인들은 창업을 준비하는 학생들도 아니고 사업을 할 사람들도 아닌데 우리가 왜 기업가정신을 배워야 하는지 모르겠다는 말이었다. 그렇다면 그러한 질문에 필자는 무어라고 대답할 수 있는가? 또 기업가정신에서는 무엇을 가르쳐준다고 얘기할 수 있을까? 그리고 학생들은 또 무엇을 배워야 한다고 말할 수 있을까? 이에 대해 학생들이 원하는 답을 내놓기란 쉽지 않다. 그러나 필자는 모두가 인정하는 답변을 내놓을 것이다. 이 질문에 대한 답변은 제2판 간행에 부친 머리말 후미에서 언급하기로 한다. 좀 더 제2판 간행에 대한 이유에 대해 설명한 후 그 답변을 하기로 하겠다.

　초판 교재가 발간된 지 이미 2년이 지났다. 개정판의 필요성이 대두되었다. 간행 부수의 소진과 일부 내용 변경이 필요했기 때문이다. 제2판 간행을 통해 기존 기업가정신 교재에 약간의 내용을 보충할 수 있었다. 기존과 다른 부분은 각 기업가정신을 설명하는 부분에서 어떠한 내용은 사례를 좀 보충함으로써 학생들의 이해를 도왔고, 한편으로는 새로운 부분의 내용 삽입이 있었다.

제2판 내용에 보충된 부분은 아마존과 블루 오리진 사업의 창업자 제프 베이조스와 테슬라와 스페이스 X의 창업자인 일론 머스크이다. 이 두 사람은 모두 새로운 창업 즉 온라인 도서 판매와 전기차 판매를 통해 새로운 영역을 구축했음은 모두가 아는 사실이다. 그러나 이것보다도 더 필자의 흥미를 끌었던 것은 우주개발에 대해 공개적으로 천명했다는 이유에서였다. 아직까지 우주개발에 대해 개인이 개발을 천명했던 사람은 없었다. 제프 베이조스는 우주정거장을, 일론 머스크는 화성이주재단을 설립했고, 또 4200개의 인공위성을 발사해 전 세계에서 발사한 모든 인공위성보다 더 많은 인공위성을 발사했으며, 제프 베이조스는 자신이 직접 우주선을 타고 우주여행을 다녀오는 등 적극적인 우주개발에 박차를 가하고 있다. 이들이 천문학적인 비용을 써가면서 성공하지 못할 수도 있는 위험을 감수하면서 이러한 사업을 하는 이유는 무엇일까? 그들의 기업가정신이 궁금했고, 이들의 기업가정신을 우리는 꼭 배울 필요가 있을 것으로 판단되어 본 교재에 간략한 내용을 삽입했다.

앞에서 언급한 학생들의 질문에 대한 답변을 해보기로 하자. 왜 기업가정신을 배우는가에 대한 답으로 필자는 "성공한 기업가들의 기업가정신을 통해 우리도 성공하기 위해 배운다."라고 말한다. 본 교재 전체에서 말하고 있는 성공의 방법은 의외로 간단하다. 성공한 사람으로부터 성공을 배울 수 있다는 것과 성공은 또 다른 성공으로의 복제가 가능하다는 것이다. 그러한 이유로 우리는 기업가정신을 배우고 성공 서적을 읽는 것이다.

성공하고자 하는 사람은 다음을 꼭 기억하고 그대로 실천해 보기 바란다. 성공에 이르는 길은 여러 갈래의 길이 있겠으나 여기서 언급하는 이 길 또한 여러분을 성공으로 이끄는 멋진 길라잡이가 될 것이다.

신의식 교수의 성공 프로세스(Prof. Shin's Success Process)

성공(success)은 작은 변화(change)에서부터 시작된다.
일상의 작은 변화(change)는 기회(chance)를 가져오고
기회를 잡으면 성공(success)하는 것이다.
그러므로 성공에 대한 프로세스(process)는 다음과 같다.

변화(Change) → 기회(Chance) → 성공(Success)

자 그럼 어떤 변화를 가져와야 한다는 것인가? 변화라는 것은 더 쉽게 말하면 "자신이 좋아하는 일을 찾아라."라는 말이다. 학생 여러분이 만약 당신이 좋아하는 일을 찾는다면 이미 90% 이상은 성공한 것이다. 그렇다면 어떻게 해야 자신이 좋아하는 일을 찾을 수 있을까? 그것에 대한 답은 경험과 체험을 해보라는 것이다. 많은 경험과 체험을 통해 자신이 진정으로 좋아하는 일을 찾기 바란다. 체험이나 경험을 할 수 없는 환경이라면 '책'을 읽어라. 독서를 통해 간접 경험과 체험을 해볼 수 있기 때문이다. 이것도 어렵다면 세 번째로는 여행을 권한다. 여행을 통해 앞으로의 계획 세워 계획대로 실천해 보는 것과 이를 통해 스스로 헤쳐 나갈 수 있는 능력을 배양할 수 있기 때문이다. 여행을 통해 생각지도 못한 많은 새로운 것을 경험하고 체험할 수 있기 때문이다.

여러분의 성공을 기원한다.

2024년 6월
덕암재(德巖齋)에서
혜암(慧巖) 신의식 씀

머리말

본교에서 교양강좌로 "기업가정신"이라는 과목을 강의한 지도 이미 수년이 지났다. 매 학기 수업을 준비할 때마다 수업에 참고할 만한 보다 전문적이고 학생들이 쉽게 이해할 수 있는 자료가 있다면 하는 아쉬움을 항상 갖고 있었다. 이번 방학에는 여러 가지 작업이 중복되어 시간을 내기 쉽지 않았는데, 큰 용단을 내려 효과적인 수업을 위한 자료를 만드는 것이 우선 순위라고 생각하여 교재를 집필하는 시간을 갖게 되었다. 이번 교재의 간행은 1학점 과목의 강의하기 어려움을 덜어줄 것으로 생각된다. 왜냐하면 1학점 과목 수업 운영은 수업의 절대 시간이 적기 때문에 수업에 대한 어려움이 항상 존재했다. 본 기업가정신은 교양과목이므로 주로 1학년 신입생들이 주로 들었고, 고등학교에서 갓 대학에 입학한 학생들과 토론식 수업을 진행하기란 그리 녹록치 않았다. 그러나 교재가 준비된다면, 학생들도 준비할 수 있고, 책에 의존하는 부분도 있기 때문에 더 깊이 있는 강의 진행이 가능하다고 판단된다. 그런데 그동안 강의를 하면서 자료를 준비해 왔었음에도 불구하고, 막상 단행본 교재를 만들려고 하니, 쉽지 않은 난국에 직면하게 되었다. 보다 더 완벽한 교재를 만들어야겠다는 욕심에 일정이 자꾸 지연되고 있음은 교수자로서는 당연한 일일 것이다. 이 기업가정신의 수업을 듣고 한 명이라도 더 창조적 생활과 창조적 사업에 관심을 갖고 생활하게 된다면 이 과목을 가르치는 사람으로서의 역할을 충분히 하는 것이 아닌가 생각한다.

일부 사람들은 과목명만을 보면 과연 우리나라 기업가 중에 기업가정신을 갖고 기업을 하는 사람들이 과연 몇이나 있을까요라고 물어오곤 한다. 과연 우리나라 기업을 운영하였던 기업가 중에는 기업가정신이라고 말할 정신을 갖추고 있는 사람들이 별로 없을까? 그렇지 않다. 너무도 대단한 기업가들이 이미 많이 존재했고, 존재하고 있음을 본 단행본을 통해 알 수 있을 것이다. 또 우리나라뿐만 아니라, 세계에서 인류의 공영을 위해 이바지하였던 기업가들의 창조적인 정신을 공부해 본다는 것은 그들을 본받아 우리 스스로도 창조적인 삶을 살아갈 수 있기 때문이다. 그러나 우리나라나 세계의 기업가들은 올바른 기업경영을 하고 있는가 하는 물음에는 선뜻 대답하기가 쉽지 않다. 왜냐하면 창업자의 기업가정신이 창업자 가족이 회장직을 승계하면서 많이 퇴색하고 변질되었으며, 심지어 어떤 경우는 창업자의 얼굴에 먹칠하는 행위까지 서슴지 않고 벌이는 행태를 보일 때에는 더욱 그럴 것이다. 창업 때에도 기업가정신을 갖추고 창업하는 것이 중요하지만, 기업을 유지 경영하는 데 있어서는 더더욱 기업가정신을 갖고 기업을 경영해야 한다는 것이 본 교재를 통해 학습자에게 전달하려는 메시지이다.

한마디로 말한다면 너무도 대단한 사람들이 대단한 기업가정신을 바탕으로 기업을 창업하였고, 이로 인해 세상에 많은 이로운 점을 가져왔다는 것은 부인할 수 없을 것이다. 이러한 대단한 인물들에 대한 기업가정신을 우리가 좀 더 자세히 알고 올바로 배우기 위해 이러한 단행본이 필요할 것이다.

이 기업가정신의 단행본을 출간하려는 가장 큰 이유는 학생들에게 큰 꿈을 심어주기 위한 것이다. 물론 현재 기업가정신의 과목은 교양과목으로 설정되어 있고, 1학점에 불과하지만 학생들에게 전공과 관련 없이 기업가정신의 올바른 면을 제대로 이해하게 함으로써 기업에 대한 새로운 측면을 이해하고, 어떻게 학생 스스로 창조적인 삶을 만들어 나가야 하는 것인지를 본 기업가정신 교재를 통해 명확히 제시하고 싶은 것이 본 과목의 개설 목표라고 할 수 있다. 본 교재는 우리에게 보다 큰 세상을 보여줄 것이고, 또 인류 공영을 위해서 우리는 어떠한 노력을 기울여야 하는지에 대한 길을 제시해 줄 것이다.

"오늘의 실천은 내일의 성공이다"

"행동으로 실천하지 않는 계획은 죽은 계획이다."

"움직이지 않는 자는 죽은 자이다."

"변화를 통해 기회가 오고,

행동으로 기회를 잡을 수 있는 것이며,
기회를 잡으면, 성공은 눈앞에 와 있을 것이다."

"내가 잘하고 좋아하는 것을 찾으시오. 성공은 그곳에 있습니다."

내가 무엇을 잘하고 무엇을 좋아하는지는 여러분 스스로 체험을 통해 찾을 수 있는 것입니다.

학생 여러분 우리 모두 성공의 길로 나아갑시다!

2022년 6월
품성관 연구실에서
신 의 식 씀

차 례

about "기업가정신"

1. 교육철학

　학교에서 강의로 "기업가정신"이라는 과목을 강의한 지도 이미 수년이 지났다. 머리말에서 언급한 바와 같이 매 학기 수업을 준비할 때마다, 수업에 대한 전문적인 자료가 있다면 하는 아쉬움을 항상 갖고 있었는데, 이번 방학에 큰 용단을 내려 효과적인 수업을 위한 자료를 만들 수 있는 시간을 갖게 되어 그동안의 수업 준비에 대한 부담을 조금이나마 덜 수 있게 되지 않을까 생각한다. 그런데 그동안의 강의를 하면서 자료를 준비해 왔었음에도 불구하고, 막상 단행본 교재를 만들려고 하니, 쉽지 않은 난국에 직면하게 되고, 또 더 나은 교재를 만들려는 욕심에 쉽지 않은 일정일 것이라는 예감이다.

　일부 사람들은 과목명만을 보고 과연 우리나라 기업가 중에 기업가정신을 갖고 기업을 하는 사람들이 있을까라고 물어오곤 한다. 우리가 눈여겨 보지 않았던 애국활동을 한 사람, 무에서 유를 창조한 사람 등 너무도 대단한 기업가들이 많이 있었음을 본 단행본을 통해 알 수 있을 것이다. 또 우리나라뿐만 아니라, 세계에서 인류의 공영을 위해 이바지하였던 기업가들의 창조적인 정신을 공부해 본다는 것은 우리도 우리의 삶을 창조적으로 만들어가는 방법을 배우는 소중한 기회가 될 것이다.

　이 기업가정신을 강의하는 가장 큰 이유는 학생들에게 원대한 꿈을 심어주기 위한 것이다. 앞선 시간을 살아간 기업가들의 창업 과정을 살펴보는 것에 중요한 의미를 두고 있다. 어떤 기업가는 유복한 환경에서 창업을 시작하게 되었고, 어떤 기업가는 정말 어렵고 힘든 상황에서 창업을 시작하게 되었다. 우리는 어떤 상황인가? 유복한 환경인가, 어렵고 힘든 환경인가? 우리는 이러한 기업가의 창업 성공스토리를 보면서 우리도 할 수 있다는 자신감을 확립하는 것이 본 과목의 학습 목표라고 할 수 있다.

현재 기업가정신의 과목은 교양[1]과목으로 설정되어 있고, 1학점에 불과하다. 그러나 학점의 다소가 그 과목의 중요성을 따지는 것은 아닐 것이다. 본 기업가정신은 모든 학생에게 전공과 관련 없이 기업가정신이라는 진취적인 면을 제대로 이해하게 함으로써 창업에 대한 새로운 측면을 이해하게 하고, 아울러 창조적인 삶을 만들어 나가는 방법을 제시해 주고 있고, 더 나아가 세상과 인류 공영을 위해서는 어떠한 노력을 기울여야 하는지에 대한 거대한 담론과 방향을 제시해 주고 있는 중요한 과목이라고 말할 수 있다.

우리가 사는 이 세상을 보다 좋은 세상으로 만들어 놓는 것은 우리의 임무이자 교육받은 사람들의 책임일 것이다. 가장 크게 넓게 세상을 행복한 사회로 만들 수 있는 것은 많은 사람에게 사회의 여러 혜택을 누릴 수 있는 기회를 제공해 주는 것이 가장 중요한 문제가 아닐까 생각한다. 그런 방법과 차원에서 가장 좋은 방법이 기업을 통해서 세상에 기업의 이윤을 환원해 줌으로써 보다 좋은 세상이 그리고 오늘보다는 내일이 더 좋은 세상이 만들어지지 않을까 생각한다. 이러한 세상을 만들기 위해 우리는 우리들의 기업을 올바른 정신으로 경영하여 새로운 이윤을 창출해내고, 또 그 창출된 이윤을 사회에 환원하는 선순환구조의 시스템을 구축한다는 것은 얼마나 멋지고 흥분되는 일이 아닐까라고 생각한다. 이러한 멋진 사회를 만들기 위해 너와 나의 노력으로 멋진 기업가정신을 토대로 내일이 멋진 나라로 만들어가는 것이 이 기업가정신을 배우는 목적이라고 할 수 있을 것이다.

2. 교육목적 및 방향(교육방법)

(1) 교육의 목적은 교양과목으로의 역할을 다하기 위해 너무 딱딱하지 않고, 기업과 창업을 쉽게 이해하는 방법을 고려하여 수업을 진행하는 것을 최우선으로 한

[1] 교양의 국어사전에 나와 있는 정의는 첫째는 가르치어 기름이고, 둘째는 학문, 지식, 사회생활을 바탕으로 이루어지는 품위 또는 문화에 대한 폭넓은 지식으로 규정하고 있다. 개인의 인격과 학습에 관계 및 관련된 지식과 행위를 지칭하는 범위로 "교양"은 그리스어의 파이데이아(paideia: 교육)로 그 뜻은 완벽 혹은 탁월함이다. 영어로는 컬처(culture)로 손대지 않아 거친 상태에서 사람이 다듬는 것, 경작된 것을 의미한다. 독일어로는 빌둥(Bildung) 즉 형성이라는 의미로 지어진 것이라는 의미를 담고 있다. 교양은 서구 고등교육에서는 자유과(liberal arts)에 대응하는 말로도 사용된다. 종합해 보면 교양은 인간정신을 계발하여 풍부하게 만들어 완전한 인격을 형성해 간다는 것으로 해석할 수 있다.

다. 전공과목도 아닌 더군다나 Pass/Fail 과목으로서의 기업가정신 수업으로 학생들의 관심을 끌기란 그리 녹록한 수업은 아니다. 그러나 일부 학생들은 전혀 전공수업에서 듣도 보도 못한 내용을 강의하는 것에 관심을 갖게 되고, 연이은 칭찬과 격려의 시간 속에서 학생들 스스로 자신이 변해가고 있다는 것을 자각하게 된다. 이러한 변화에서 자신은 본인이 생각했던 것보다 더 훌륭한 사람이란 것을 일깨워주고, 더 행복한 앞날을 보낼 수 있다는 자신감을 심어주는 것이 본 기업가정신의 교육목적이라고 할 수 있다.

(2) 왜 기업가정신을 배우는가?

우리는 성공하기 위해 부단히 노력하고 있다. 성공한 기업가들의 기업가정신을 학습하면서 우리는 성공한 사업가의 성공 루트를 그대로 따라 하기만 하면 성공할 수 있는 시스템을 배우는 것이다. 성공은 복제가 가능한 것이다. 그래서 성공 서적을 읽는 이유는 그들을 그대로 본받고 따라 함으로써 성공에 이르고자 하는 것이기 때문이다. 이러한 기업가정신들을 학습하면서, 자신과 가장 잘 맞는 또 호감이 가는 기업가를 선정하여 그를 그대로 모방해 나간다면 우리는 모두 누구라도 성공에 이를 수 있기 때문이다.

(3) 수업 방법

2020년 1월부터 휘몰아친 COVID-19로 인해 많은 학생이 비대면 수업에 익숙하다 보니, 2022년 1학기 때부터 다시 시작된 대면 수업 방식을 오히려 낯설어하는 모습을 볼 수 있었다. 기존 대면 수업을 받았던 학생들과 대면 수업에 익숙하지 않은 학생들을 모두 아우르는 수업방식으로 수업 방법을 채택하고자 한다. 주당 1시간의 수업 시간에 따른 제약이 있지만, 50분 수업을 가능한 한 여러 부분으로 나누어 학생들의 흥미를 유발시키는 방법을 활용하고자 한다.

첫 시간은 기업가정신이라는 과목에 대한 이해도를 높이는 시간으로 왜 기업가정신의 수업을 들어야 하는지에 대한 오리엔테이션을 겸하여 과목과 나와의 연관성을 크게 부각시켜 교과목에 대한 흥미를 유발한다. 그다음으로는 주차별 수업 방식을 설명한다. 먼저 전주 수업에 대한 복습 및 이번 주 수업에 대한 전반적인 이해 정도를 체크하는 시간을 갖고, 학생들의 생각을 들어본다.

학생들의 흥미를 진작시키기 위해 수업 중간중간에 PPT나 유튜브 등의 매체를 활용하여, 학생들의 참여도를 높이기 위해서 각 주차 수업마다 생각하고 답변하는 시간을 갖고자 한다. 자기의 생각을 조리 있게 말하기는 쉽지 않으나, 이러한 훈련을 반복함으로써 자기의 생각을 정리하여 짧게 말할 수 있는 능력을 향상시킨다. 또 학생들의 집중도를 높이기 위해, 과제를 내기도 하겠으며, 학생들의 학업 성취도를 높이기 위해, 학습내용을 시험 준비 요약본으로 만들어 학생들에게 배포함으로써 시험의 두려움을 없애고, 학생들의 성적 관리에 도움이 되는 자료를 미리 배포해 줌으로써 포기하려는 학생을 사전에 예방한다. 또 매 장마다 준비되어 있는 한 페이지 분량의 '생각노트'가 준비되어 있다. 이 '생각노트'에는 이 장을 공부하면서 느꼈던 점, 자신의 창업 아이템, 개발 아이디어 등과 앞으로 자신의 각오 등을 기록하게 될 것이다. '생각노트'를 작성하면서 매주 새롭게 태어나는 학습자가 될 것이다. 한 학기를 마칠 때쯤에는 작성했던 '생각노트'를 점검해 봄으로써 자신의 생각과 행동이 어떻게 발전되어왔는지를 직접 학습자의 눈으로 확인할 수 있는 좋은 방법이 될 것이다. 또 기록된 자신의 생각노트는 학습자가 생각지도 못했던 앞으로의 창업이나 제품 개발에 뜻밖의 큰 행운을 가져 올 아이템으로 활용이 가능할 것이다.

(4) 예상 기대 및 효과

학생들이 기업가라고 하면 나오는 다른 사람이라고 생각했던 사고를 완전히 바꾸어놓을 수 있다. 첫 시간의 오리엔테이션 때에 우연히 남편을 따라 싱가포르로 갔다가 3,500억원 규모의 회사 대표가 된 貢茶(공차)의 판권을 가져온 김여진 전 대표의 사례는 학생들의 흥미를 끌기에 충분할 것이다. 김여진 대표가 홍대 1호점을 오픈한 뒤 2년여 만에 전국 240개의 매장을 보유한 회사로 성장하게 되었다는 대박 신화를 얘기해 주면 학생 모두 자신도 할 수 있다는 자신감을 갖게 될 것이고, 이러한 상태에서 이루어지는 수업은 가장 흥미로운 수업이 될 것이다. 이러한 수업은 학과와 전공이 모두 각기 다른 학생들에게 자기 자신에 맞는 길을 제시해 줄 것이며, 그들에게 꿈과 희망을 주는 살아있는 교과목으로 자리매김하게 될 것이다.

3. 기업가정신 강의계획서

다음은 본 교재를 활용하여 수업을 진행하는 선생님들을 위해서 15주차에 대한 기업가정신 syllabus이다.

앞으로의 매 주차 수업은 다음과 같은 패턴으로 진행될 것이다.

교과목명: 기업가정신

이수구분: 교양선택/필수

학점: 1

이수시간: 1

수강학과: 전학과

교육목표: 기업가정신은 기업의 혼이며, 기업의 정신적 지주인 경영이념이고, 경영 사상이며, 경영철학이며, 기업의 통치이념이다. 피터 드러커는 "기업가정신이 없는 경영자는 망(亡)한다"고 했다. 그러므로 창업의 성공은 기업가정신에 있으며, 기업가정신을 제대로 가진 사람은 성공한다는 것이다. 학습자는 본 교과를 수강함으로써 기업가들의 불굴의 개척정신과 도전정신, 위험을 감수하는 능력, 혁신과 창조적 리더십을 배워 자신의 것으로 만들어야 할 것이다.

교육운영방법: 대면수업

교재: 신의식 저, 『기업가정신』 제2판, 법문사, 2024(중간/기말시험 자료 수록)

부교재: 교수자 주차별 관련 프린트물

주차별 학습내용

주	하위 능력	학습목표	수업내용	수업방법/ 학습도구
1	공통 기초	기업가정신의 이론적 배경을 설명할 수 있다. 관련 용어를 설명할 수 있다.	과목 오리엔테이션 기업가정신의 개념 관련용어해설(1) 과제물 부과	발표/질의응답 usb, A4용지/ 빔프로젝터, 컴퓨터 레포트 부과
2	공통 기초	기업가란 무엇인지에 대한 정의를 설명할 수 있다. 관련 용어를 설명할 수 있다.	기업가의 유형 최고경영자(CEO)의 역할 관련용어해설(2)	발표/질의응답 usb, A4용지/ 빔프로젝터, 컴퓨터
3	공통 기초	성공한 창업자 이병철의 성공스토리 및 기업가정신을 간략하게 설명할 수 있다.	호암 이병철의 약력 이병철과 삼성 이병철의 기업가정신	발표/질의응답 usb, A4용지/ 빔프로젝터, 컴퓨터
4	공통 기초	성공한 창업자 유일한과 신용호의 성공스토리 및 기업가정신을 간략하게 설명할 수 있다.	유일한의 약력 유일한과 유한양행 유일한의 기업가정신/ 대산 신용호의 생애와 기업가정신	발표/질의응답 usb, A4용지/ 빔프로젝터, 컴퓨터
5	공통 기초	성공한 창업자 스티브 잡스의 성공스토리 및 기업가정신을 간략하게 설명할 수 있다.	스티브 잡스의 약력 스티브 잡스와 Apple 그룹 스티브 잡스의 경영과 기업가정신	발표/질의응답 usb, A4용지/ 빔프로젝터, 컴퓨터
6	공통 기초	성공한 창업자 정주영의 성공스토리 및 기업가정신을 간략하게 설명할 수 있다.	아산 정주영의 약력 정주영과 현대그룹 정주영의 기업가정신	발표/질의응답 usb, A4용지/ 빔프로젝터, 컴퓨터
7	공통 기초	성공한 창업자 잭 웰치의 성공스토리 및 기업가정신을 간략하게 설명할 수 있다.	잭 웰치의 약력 잭 웰치의 경영활동 잴 웰치와 GE 잭 웰치의 기업가정신과 리더십	발표/질의응답 usb, A4용지/ 빔프로젝터, 컴퓨터 레포트 제출
8	공통 기초	학습내용 점검	중간시험	
9	공통 기초	성공한 창업자 구인회의 성공스토리 및 기업가정신을 간략하게 설명할 수 있다.	연암 구인회의 약력 구인회와 LG 구인회의 기업가정신 과제물 부과	발표/질의응답 usb, A4용지/ 빔프로젝터, 컴퓨터 과제물 부과
10	공통 기초	성공한 창업자 빌 게이츠의 성공스토리 및 기업가정신을 간략하게 설명할 수 있다.	빌 게이츠의 약력 빌 게이츠의 성공신화 빌 게이츠의 기업가정신 및 빌게이츠 & 멜린다 재단	발표/질의응답 usb, A4용지/ 빔프로젝터, 컴퓨터

주	하위 능력	학습목표	수업내용	수업방법/ 학습도구
11	공통 기초	성공한 창업자 손정의의 성 공스토리 및 기업가정신을 간략하게 설명할 수 있다.	손정의의 약력 손정의의 경영활동 손정의와 소프트뱅크사 손정의의 기업가정신	발표/질의응답 usb, A4용지/ 빔프로젝터, 컴퓨터
12	공통 기초	성공한 창업자 워렌 버핏의 성공스토리 및 기업가정신을 간략하게 설명할 수 있다.	워렌 버핏의 약력 워렌 버핏의 성공신화 워렌 버핏의 기업가정신 워렌 버핏과의 점심식사	발표/질의응답 usb, A4용지/ 빔프로젝터, 컴퓨터
13	공통 기초	성공한 창업자 최종현/조중 훈/장영신의 성공스토리 및 기업가정신을 간략하게 설명 할 수 있다.	최종현의 SK/조중훈의 한진/장 영신의 AK 기입가정신	발표/질의응답 usb, A4용지/ 빔프로젝터, 컴퓨터
14	공통 기초	성공한 창업자 제프 베이조 스/일론머스크의 기업가정신 을 간략하게 설명할 수 있다.	아마존/테슬라 제프 베이조스의 기업가정신 일론머스크의 기업가정신	발표/질의응답 usb, A4용지/ 빔프로젝터, 컴퓨터
15	공통 기초	학습내용점검	학기말시험(대면시험)	과제물 점검

기업가정신(Entrepreneurship) 들어가기

1. 정 의

1) 도날드와 리차드(Donald F. Kurao & Richard M. Hodgetts): 실질적으로 없는 상태로부터 비전(Vision)을 창조하고 구축하는 능력

2) 로버트 론스타트(Robert Ronstadt): 스스로 새로운 사업을 일으키는 것. 그리고 이를 자신의 인생에서 가장 즐거운 일로 여기는 것이며, 이는 마치 빨간 신호등 앞에서도 때로는 이를 무시하고 돌진하는 것

3) 조지프 슘페터(Joseph A. Schumpeter): 창조적 파괴(creative destruction)에 나서는 기업가의 자세와 의지

4) 피터 드러커(Peter F. Drucker): 변화를 탐구하고 변화에 대응하며 변화를 기회로 이용하는 것

5) 하워드 스티븐슨(Howard Stevenson): 한정된 자원을 초월하여 기회를 추구하는 것

6) 히스리치와 피터스(R.D. Hisrich & M.P. Peters): 기업가의 심리적 정신 상태를 말하는 것이 아니고 기업가에게 필요한 능력 자체를 말하는 것

2. 사 례

(1) KFC

커널 샌더스(Colonel Sanders, 1890~1980)는 39세에 주유소를 차렸다가 대공황으로 파산하고, 다시 주유소 경영에 나섰다가 주유소에 딸린 식당을 차리게 되어 비로소 작은 성공을 거두게 된다. 그러나 인근에 고속도로가 생기면서 마을이 고속도로 건

자료 출처: https://www.kfckorea.com/company/brand

너편으로 이주하게 되면서, 결국 식당은 경매에 넘겨졌고, 그의 수중에는 사회보장
프로그램에서 지급하는 105달러가 전부인 처지로 몰락했을 때 그의 나이 65세였다.
그러나 커넬 샌더스는 자신의 닭고기를 압력솥에서 튀기는 새로운 방식과 양념을
개발하고 투자자를 찾아 나섰다. 3년 동안 무려 1008개의 식당에서 제안을 거절당
했지만, 결국 1009번째 식당에서 예스라는 대답을 듣게 되었다. KFC(Kentucky Freid
Chicken)는 1952년 솔트레이크 시티에 첫 매장을 열었을 때, 미국 남부의 본고장이
손님을 대접한다는 마음을 표현하기 위해 처음 붙여진 이름이었다. KFC의 로고는
변경되었지만, 닭고기 통살을 위주로 매장에서 직접 요리해서 대접하는 KFC의 식
사에는 손님을 대접하고자 하는 정신이 여전히 살아 있다. 이것이 전 세계에 걸쳐 수
만개의 프랜차이즈를 성공적으로 운영하고 있는 KFC의 시초이다.

(2) 다이슨(Dyson)

다이슨 회장을 지낸 제임스 다이슨(James Dyson)은 먼지봉투 없는 진공청소기, 날
개 없는 선풍기를 개발한 혁신기업 다이슨의 창업자이다. 그는 "먼지봉투 없는 진공
청소기를 개발하는 과정에서 사이클론 기술(먼지봉투 없는 청소기를 가능하게 한 핵심
기술)로 제품을 출시할 때까지 프로토타입(prototype, 시험제작원형)만 5,127개를 만들
었다며 "성공하려면 먼저 실패해야 한다"고 말했다.

다이슨을 대표하는 또 하나의 제품은 날개 없는 선풍기인데, 이것은 다이슨이 최초로 내놓은 것이 아니었다. 1980년 일본 도시바에서 최초로 개발이 이뤄졌으며 각국에 특허도 출원되었다. 다만 도시바는 일반 소비자용 제품으로 날개 없는 선풍기를 소형화시키지 못했다. 다이슨은 만료된 도시바의 특허를 기반으로 2007년 실제 제품이 출시되기까지 4년 동안 제품 개발에 심혈을 기울여 마침내 소형화된 선풍기를 내놓을 수 있었다. 날개 없는 선풍기의 원리는 베르누이의 원리로 인해 시원한 바람을 만들어 내는 것이다. 비행기 날개 모양을 닮은 빈 고리 내부에서 빠른 공기의 흐름이 생기게 되고, 이 공기가 맞물린 작은 틈을 통해 강하게 불어나오며 고리 바깥 주변의 공기가 둥근 고리를 통과하게 되는 일정한 방향의 강한 기류가 생기게 된다. 이때 고리를 통과한 공기의 양은 받침대에서 빨아들인 공기의 양보다 15배 정도 많아지게 된다. 이 원리로 바람이 만들어지기 때문에 날개 없이도 시원한 바람이 나오게 되는 원리이다. 그러나 현재 다이슨의 CEO는 제임스 다이슨이 아닌 짐 로완이란 인물이다. 제임스 다이슨은 스스로 최고경영자 자리에서 2012년에 물러났기 때문이다. 회사의 경영은 전문경영인에게 맡기고 그 스스로는 제품 개발에 집중하는 '수석 엔지니어'의 직함을 맡고 있다. 다이슨의 전기 자동차 개발도 제임스 다이슨이 진두지휘하고 있다.

(3) 아메리칸드림을 이룬 앤드류 카네기

기차역의 잡일을 하던 어린이인 앤드류 카네기(Andrew Carnegie, 1835~1919)가 기차 용광로에 석탄을 넣는 화부에서 전보배달부가 되었고, 이후 모스 부호를 써서 전보를 보내는 전신 기사로 승진했고, 1853년에는 펜실베이니아 철도 회사에 토마스 스콧(Thomas A. Scott)의 비서 겸 전신기사 자격으로 취직했다. 이후 장거리 노선 침대차를 도입하여 성공을 거둔 후, 구입한 농장에서 막대한 석유가 터져 벼락부자가 되었고, 이 석유로 비축한 재산을 바탕으로 철강업에 투신하여 '카네기 제철'을 세워 막대한 부를 축적했다. 아메리칸드림을 이루어내며 성공한 앤드류 카네기는 자신이 성공해서 축적한 재산, 현재 가치 기준으로 3,700억달러(한화 약 378조 1,900억원)에서 90%를 사회에 환원했다. 그의 명언과 묘비명이다.

1) 앤드류 카네기가 남긴 어록

① 판단할 줄 모르는 사람은 바보이며, 판단하지 않는 사람은 옹춘마니(소견이 좁고 융통성이 없는 사람)이고, 판단할 엄두도 못내는 사람은 노예이다.

② 때를 놓치지 말라. 사람은 이것을 그리 대단치 않게 여기기 때문에 기회가 와도 그것을 잡을 줄 모르고 때가 오지 않는다고 불평만 한다. 기회는 누구에게나 온다.

③ 약속이 맺어졌다는 것은 상대방의 신뢰를 얻었다는 증거다. 만약 약속을 파기하면 상대방의 시간을 도둑질한 셈이 된다.

④ 웃음이 적은 곳에서는 매우 작은 성공밖에 이룰 수가 없다.

⑤ 자신이 맡은 분야에서 회사가 손해날 것을 발견하면 용감하게 발언하라. 회사도 발전시키고 자신도 발전시킨다.

⑥ 다른 이들을 부유하게 만들지 않고서는 그 누구도 부자가 될 수 없다.

⑦ 누구도 혼자서 모든 것을 이루려고 하거나, 혼자 모든 공을 인정받으려고 하면 위대한 사람이 될 수가 없다.

⑧ 성공의 비밀은 스스로 일하는 데 있지 않고, 누가 최고로 잘할지 알고 맡기는 데 있다.

⑨ 행복의 비결은 포기해야 할 것을 포기하는 것이다.

⑩ 먼저 마음의 눈을 떠라. 행복의 열쇠는 당신 주위에 있다.

⑪ 통장에 많은 돈을 남기고 죽는 사람처럼 치욕적인 인생은 없다.

⑫ 부자로 죽는 것은 불명예스러운 일이다.

2) 앤드류 카네기의 묘비명

나는 내 묘비명으로 '자기보다 우수한 사람을 자기 곁에 모을 줄 알았던 지혜로운 사람이 여기 누워있다'라고 쓰고 싶다.

I wish to have as my epitaph: 'Here lies a man who was wise enough to bring into his service men who knew more than he.'

3. 학습 전 생각해 보기

(1) 랄프 왈도 에머슨(Ralph Waldo Emerson)

진정한 성공이란 "자기가 태어나기 전보다 세상을 조금이라도 살기 좋은 곳으로 만들어 놓고 떠나는 것"이라고 말하고 있다.

(2) do what you love!

미국 시카고대학은 그들이 배출한 70명이 넘는 노벨상 수상자들에게 이렇게 물었다. "어떻게 하면 당신처럼 창조적 성과를 낼 수 있습니까?" 그들은 이구동성으로 한 가지 답을 했다.

"좋아하는 일을 하십시오."(do what you love!)

(3) 솔로몬 왕은 아이 하나를 놓고 서로 자기 아이라고 주장하는 엄마들에게 어떤 판결을 내렸는가?

솔로몬 왕의 지혜로운 재판은 무엇입니까?

그때 여자 두 사람이 왕에게 와서 그 앞에 섰습니다.

그 가운데 한 여자가 말했습니다. "내 주여, 저와 이 여자가 한집에서 살고 있는데, 제가 저 여자와 함께 있을 때 제가 아기를 낳았고, 제가 아기를 낳은 지 3일째 되던 날에 저 여자도 아기를 낳았나이다. 우리는 함께 있었고 집에는 저희 둘 외에 아무도 없었나이다. 그런데 저 여자가 잠을 자다가 그만 자기 아들을 깔고 눕는 바람에 그의 아들이 죽었나이다. 그러나 저 여자는 한밤중에 일어나서 내 곁에 있던 제 아들을 제 곁에서 가져다가 자기의 품에 누이고, 자기의 죽은 아들을 내 품에 뉘었나이다. 다음 날 아침에 제가 일어나 아들에게 젖을 먹이려고 보니 아이가 죽어 있어서, 제가 아침 햇살에 자세히 들여다보니 제가 낳은 아들이 아니더이다."

다른 여자가 말했습니다. "무슨 말을 하는 것이냐? 산 아이가 내 아들이고, 죽은 아이가 네 아들이라." 그러자 첫 번째 여자가 지지 않고 반박했습니다.

"아니라, 죽은 것이 네 아들이고 산 것이 내 아들이라."

그렇게 그들은 왕 앞에서 말싸움을 벌였습니다.

하나님께서 솔로몬에게 지혜를 주시겠다고 말씀하신 지 얼마 되지 않은 때에 왕이 말했습니다.

"'이 여자는 산 아이가 내 아들이고 죽은 아이는 네 아들이다'하고 말하고, 저 여자는 '죽은 것이 네 아들이고 산 것이 내 아들이다'하고 말하고 있도다."

왕이 신하들에게 말했습니다. "칼을 내게로 가져오라."

신하들이 왕 앞으로 칼을 가져오니 왕이 말했습니다. "살아 있는 이 아이를 둘로 나누어서 반쪽은 이 여자에게 주고, 반쪽은 저 여자에게 주어라."

그러자 살아 있는 그 아이의 어머니 되는 여자가 그 아들을 위하여 마음이 불붙는 것 같아서 왕께 아뢰었습니다.

"내 주여, 살아 있는 아이를 저 여자에게 주어도 좋으니 제발 아이를 죽이지만 말아 주옵소서." 그러자 다른 여자가 말했습니다. "좋습니다. 저 여자의 것도 되지 않고 내 것도 되지 못하도록 둘로 나누어 주옵소서."

그러자 왕이 대답했습니다.

"살아 있는 아이를 죽이지 말고 저 첫 번째 여자에게 주어라. 저 여자가 그 아이의 어미니라."

온 이스라엘이 왕이 심리하여 판결한 소식을 듣고 왕을 두려워하였습니다.

이는 하나님의 지혜가 그의 속에 있어서, 그가 하나님의 뜻대로 정의롭게 판결하는 것을 보았기 때문입니다.

머지않아 온 이스라엘이 그 판결에 대해 듣게 되었고, 백성은 솔로몬에게 하느님의 지혜가 있다는 것을 알게 되었습니다.

명판결인가? 문제는 없었는가?

(4) 케이크를 가장 공평하게 나눠 먹는 방법은 무엇인가?

정확히 자르기 힘든 5조각 혹은 7조각으로 나누어야 한다면 어떤 방법을 쓸 수 있을까?

우리 각자 생각해 보자.

전혀 의외인데도 매우 경제적이고 필연적인 방법으로 그 해법을 찾아볼 수 있다.

(5) 금화 100냥을 잃어버린 부자의 이야기에서 인색한 부자는 금화 100냥을 찾기 위해 금화 100냥을 찾으면 그 반을 주겠다고 하였으나, 막상 농부에 의해 찾고 나니, 금화의 반이 너무 아까워 금화주머니에 다이아몬드 반지가 없어졌다고 하면서, 농부를 모함하였다. 이에 그 지역의 영주는 어떠한 현명한 판단을 내리게 되었는가?

생각하는 힘을 길러보자.

(6) 기업가정신 학습에 앞선 우리의 긍지 – 한국인의 자랑스러운 DNA

우리 한민족은 자랑스러운 DNA를 물려받았다. 여러분이 긍지를 느낄 만한 일들은 너무도 많지만 여기서는 몇 가지만 언급하기로 한다.

1) **사례1.** 세계에서 가장 머리가 우수한 민족은 한민족이다. 이것을 증명하는 것은 고인돌이다. 전 세계에 있는 고인돌의 상당 부분이 한반도에서 발견되고 있고, 수십 톤이나 되는 고인돌을 만들기 위해서는 많은 사람의 동원이 필요할 것이고, 많은 사람을 동원할 수 있는 능력을 가진 사람은 결국 지배자일 것으로 추측된다. 한반도와 만주 일대에 호남지방의 2만여 기를 비롯하여 약 4만기의 고인돌이 있다. 이는 세계 모든 고인돌 수의 절반 가량에 해당된다. 전남 화순, 전북 고창 및 인천 강화의 고인돌들이 2000년 유네스코 세계문화유산에 지정되었다.

그러나 2007년 발견된 김해 구산동 지석묘 350t 고인돌이 무단 복원으로 인해 박석 및 묘터가 훼손되었다는 뉴스(2022.8.5. 한겨레)가 있었다. 이 고인돌은 가락국(김수로) 탄생의 비밀이 서려있어 역사적으로 아주 큰 보존가치를 지니고 있었다.

2) **사례2.** 우리의 언어인 '한글'이 있다. 어떠한 소리도 글로 표현할 수 있다는 장점이 있다. 그리고 누가 만들었는지가 명확히 밝혀져 있다. 훈민정음해례본을 통해 발음할 수 있다. 세계의 많은 나라 언어는 누가 언제 만들었는지 알지 못한다는 것은 아이러니가 아닐 수 없다.

3) **사례3.** 임진왜란 때, 일본의 가토 기요마사(加籐淸正) 장군의 좌선봉장으로 군사 3000명을 이끌고 남원으로 쳐들어 온 사야가(沙也可) 장군은 왜군의 추격을 피해 쫓겨가는 와중에도 조선인들이 등에 하나씩 뭔가를 업고 뛰는 게다. 먹을 쌀, 보리 자루가 아니라 늙으신 어머니, 아버지였다. 이것을 본 사야가 장군은 "야만한 국가

가 문화의 나라를 쳤구나"라고 했다고 한다. 일본에 한국이 쳐들어오면 지애미, 애비를 업고 뛸 놈이 몇 놈이나 있겠냐 이거다. 그래서 한국으로 귀화해 김해 김씨 집안의 김충선(金忠善, 1571~1642)이 되었다(이어령, 『한국인이야기』, 파란북, 2020, 239쪽 참조). 이후 경상도 의병과 함께 일본군과 전투를 벌였고, 곽재우 의병장과 연합하기도 하였다. 이후 울산성 전투에서 가토의 1군을 섬멸하여 종2품 가선대부에 올랐고, 그 이후 정2품 자헌대부에 올랐다. 이순신과도 서신을 교환하였다고 한다. 현재 대구광역시 달성군 가창면 우록리에 있는 녹동서원(鹿洞書院)은 그를 기리기 위해 건립된 서원으로 위패가 봉안되어 있다.

4) 사례4. 농기구로서 호미로 하는 논밭 일은 지옥일 수밖에 없었으나, 나물을 캘 때는 어떠한가? 괭이나 삽으로 나물을 캘 수 있을까? 농업을 하는 데는 최악의 도구지만 채집하는 데는 최상의 도구가 된다. 그래서 호미는 정원을 가꾸는 서양인들에게는 지금까지 들도보도 못한 편리한 도구로 명품 대우를 받는다. 아마존닷컴에서 한국 호미는 고유어 'ho-mi'로 통한다. 대박이다. 바깥 시장에서 국내 가격의 17배로 거래되는 상품은 호미 말고는 없다. …콕 찔러 원하는 것만 뿌리를 다치지 않고 옮겨 심고 또 흙을 북돋아 식물을 자식 키우듯 정성스레 가꿀 수 있는 섬세한 도구는 오직 달래마늘의 향기가 묻은 호미날밖에는 없다(이어령, 『한국인이야기』, 파란북, 2020, 335쪽 참조).

2024. 6. 30. 현재 아마존사이트에서는 호미 한 자루당 15~21$로 팔리고 있다. (2024. 6. 30. 원 달러 환율이 1382원으로 20730원~29022원 선에서 거래되고 있음) (국내에서는 호미 한 자루당 1700원~5200원 가격에서 거래됨)

5) 사례5. 문화민족이라는 자긍심을 갖고 있다. BTS, New Jeans와 K-Pop 그리고 K-Culture의 세계화로 대한민국과 한국인의 파워를 새삼 느낄 수 있다.

호암 이병철과 기업가정신

"사람은 누구나 자기가 과연 무엇을 위해 살아가고 있는지를 잘 알고 있을 때
가장 행복한 것이 아닌가 생각한다. 다행히 나는 기업을 인생의 전부로
알고 살아왔고, 나의 갈 길이 사업보국에 있다는 신념에 흔들림이 없다"

– 1976.11. '나의 경영론'(전경련회보)에서 –

Lee Byung-chull
이병철

Ⅰ. 약 력

가. 개 요

1910.2.12. 경상남도 의령군 정곡면 중교리에서 이찬우와 안동 권씨의 4남매 막내로 출생.

1915. 서당 문산정에서 한학 수학.

1921. 지수보통학교 편입.
의령 솥바위 3부자 길(삼성 창업주 이병철, LG 창업주 구인회, 효성 창업주 조홍제)
솥바위 인근 20리 언저리의 부자이야기

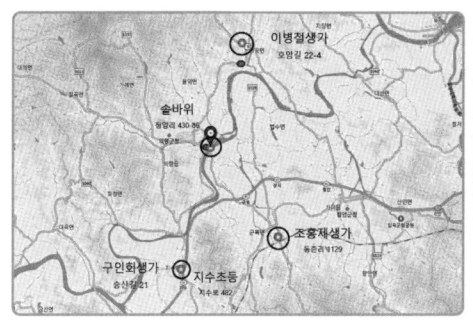

1922. 서울 수송보통학교 졸업.

1926. 박두을과 결혼.

1929. 중동중학교 졸업.

1930.4. 일본 와세다(早稻田)대학 경제학 수학.

1931. 일본 와세다대 유학 포기, 귀국.

    • 중동중학교를 졸업한 후 1929년 3월에 일본으로 유학해서 와세다대학교 정치경제학과에 입학했다. 유학 초기 한동안 책에 빠졌다가 틈만 나면 곳곳의 공장을 방문해서 일본 공업의 실상을 자주 살펴보았다고 한다. 대학 시절부터 이병철은 기업인의 꿈을 꾸게 되었고 유학 시절 고향에서 매달 학비로 200원을 송금해왔는데 당시 일본 중산층

가정의 한 달 생활비가 50원이었던 것과 비교하면 풍족한 편이었다.

• 대학 시절 이병철은 공부에 열중하고 스스로 충실하게 생활했으나, 1학년 때 건강 악화로 쉽게 지치고 조금만 책을 읽어도 쉽게 피로해지는 증상이 생겨 휴학계를 내고 온천을 찾아다니며 병을 치료하려 했으나 소용이 없었다. 후일 회고에서 그는 "공부해서 무슨 벼슬을 하려고 했던 것도 아니고 단지 도쿄의 신학문이 어떤 것인지 알았고 그 사람들의 생각도 알게 되었으니 유학생활을 더 하면 뭣하나 싶은 회의가 들었다"며 1년 만에 대학을 자퇴하고 귀국했다.

• 고향으로 돌아와 휴양하면서 이병철의 건강은 회복되었다. 대학 시절 자기 집안의 노예를 해방시켜주었던 톨스토이에게 깊은 감명을 받았던 이병철은 건강이 회복되자 제일 먼저 집안의 머슴들에게 전별금까지 주어 모두 해방시켜주었다. 그러나 그 뒤 고향에서 특별히 할일 없이 무위도식하던 이병철은 친구들과 노름판에 빠졌다. 밤새 노름에 빠져 하루종일 노름에 빠져 새벽 별을 보며 집으로 돌아오는 날이 많았다고 이병철 스스로 회고하기도 하였다. 그러던 어느 날 평소와 마찬가지로 노름을 하다 집으로 돌아와 평화롭게 잠들어 있는 3명의 아이들의 모습을 보는 순간 이병철은 악몽에서 깨어난 듯한 충격을 받았다.

• 훗날 회고에 의하면 그는 "그야말로 허송세월이었다. 어서 빨리 뜻을 세워야 한다"는 회한과 두려움에 며칠 밤을 꼬박 지새웠으며, 자신에게 맞는 사업을 구상하기 시작했다. 사업을 하겠다고 결심을 굳힌 그는 며칠 후 아버지에게 자신의 생각을 말했다. 그러자 아버지는 별말 없이 아들에게 선선히 사업자금을 내주었다. 마침 너의 몫으로 연수 300석[석(石)은 한자이고, 섬은 석의 순수한 우리말로 무게가 아닌 용량(부피) 단위이며 180ℓ 크기의 용기에 담긴 정곡(도정한 상태. 석의 유래는 장정 1인이 짊어질 수 있는 최대의 용량 또는 성인 1인이 연간 소비하는 식량 또는 섬가마니(짚으로 엮어 만든 가마니)에 담을 수 있는 용량 등의 유래가 있다)의 무게이다. 대략 1석=144kg]의 재산을 나누어 주려던 참이다. 스스로 납득이 가는 일이라면 결단을 내려 보는 것도 좋다고

했다.

- 그는 장사를 할 곳으로 경성부터 부산, 대구 등지를 직접 물색하여, 생각해 보았으나 고향 인근의 항구 마산이 떠올랐다.

- 쌀을 생각한 그는 마산에 조선 각지에서 생산한 쌀을 수집하여 도정해서 일본으로 보내는 도정공장이 있는 것을 알아냈고, 도정공장에는 수백 가마니씩 도정을 기다리는 볏단더미들이 있었다. 바로 그는 친구 2명과 힘을 합쳐서 동업으로 정미소를 차렸다.

1936.봄. 협동정미소 탄생(합천의 정현용과 박정원을 만나 1만 원씩 출자, 협동정미소 출범). 마산일출자동차 회사 인수 후 경영. 정미사업과 운수사업이 궤도에 오르자 토지매입에 관심.

1937. 660만 제곱미터(≒200만평)의 대지주가 됨.

7.7. 일본의 중국 침략의 도화선이 된 노구교사건(북경 노구교에서 발생한 일본군과 중국군의 충돌사건, 일명 7·7사변이라고도 함)이 일어나 토지시세가 폭락. 정미소와 운수회사 처분하고 나서 부채 청산. 이병철은 이 첫 실패를 통해 사업은 반드시 시기와 정세에 맞추어야 한다는 사실을 알게 되었다. 또 국내외 정세의 변동을 정확하게 통찰하고 무모한 과욕을 버리고 자기 능력과 그 한계를 냉철히 판단하여 요행을 바라는 투기는 피하는 한편 제2, 3선의 대비책을 강구해야 한다는 사실을 깨닫게 된다. 이때 처음으로 사업의 철학이 생기게 되었다.

1938.3.1. 자본금 30,000원으로 대구시 수동에 삼성상회 설립. 중국과 만주를 대상으로 무역업 시작.

'크고 강력하고 영원하라'

"삼성"의 '삼'(三)은 큰 것, 많은 것, 강한 것을 나타내는 것으로 우리 민족이 가장 좋아하는 숫자이다. '성(星)'은 밝고 높고 영원히 빛나는 것을 뜻한다. 재출발하는 사업에 이러한 소원을 담아 이병철이 직접 이 상호를 택했다.

"의인물용, 용인물의(疑人勿用, 用人勿疑)'

"의심이 가거든 사람을 고용하지 말라. 고용했으면 의심하지 마라. 의심하면서 사람을 부리면 그 사람의 장점을 살릴 수 없다. 그리고 고용된 사람도 결코 제 역량을 발휘할 수 없다. 사람을 채용할 때는 신중을 기하라. 그리고 일단 채용했으면 대담하게 일을 맡겨라."

삼성상회 개업 이후 주위의 만류에도 불구하고 본인만의 뚜렷한 철학으로 와세다대 유학 시절 친구인 이순근에게 경영 전반을 일임하였다. 오늘날 삼성의 전통이 된 인재관리 원칙은 삼성의 탄생과 함께 시작된 것이다. 삼성상회는 무역업 외에도 국수제조업으로 내실을 다지면서 성장가도를 달렸고, 이병철은 삼성상회의 성공에 힘입어 1939년 조선양조를 인수한다. 자본금 3만 원으로 창립된 삼성상회는 단기간에 급성장하였으며, 오늘날의 삼성의 주춧돌이 되었다.

별표국수: 대구의 물류 중심지인 서문시장 인근에 설립된 삼성상회는 대구 근교에서 수집한 청과물과 포항 등지에서 들여온 건어물을 중국과 만주에 수출하였으며, 무역업 외에도 제분기와 제면기를 설치해 국수 제조업도 겸했

다. 상표는 '별표국수'였다. 당시 대구에는 5개의 국수공장이 있었으나, 삼성상회가 만든 별표국수가 가장 큰 인기를 끌었다. 가격은 다소 비싸도 맛이 훨씬 좋았기 때문이다. 국수는 나무상자에 담아 6관(1관=3.75kg, 1냥=37.5g, 1돈=3.75g)짜리와 12관짜리 두 종류로 판매했는데, 대구시내보다는 오히려 인근 지방에서 더 많은 인기를 끌었으며 대구시내에는 6관짜리를, 인근지역에는 12관짜리를 주로 판매했다. 삼성상회는 이병철의 탁월한 경영능력으로 착실하게 성장했다. 하지만 1947년 5월경, 이병철이 새로운 사업을 구상하여 서울로 상경하자 삼성상회는 자금난으로 문을 닫게 되었고, 별표국수 또한 생산이 중단되

었다. 그러다가 남아있던 직원들이 밀을 빻아주고 그 삯으로 밀가루를 받아 다시 국수를 만들어 팔게 되면서 공장이 다시 가동되게 되었고, 1960년대 말까지 대구와 인근지역에서 가장 인기 있는 국수로 사랑을 받았다.

1948.11. 삼성물산공사. 삼성물산공사는 홍콩, 싱가포르 등 동남아시아에 오징어, 한천(우무를 동결탈수하거나 압착탈수하여 건조시킨 식품) 등을 수출하고 면사를 수입하는 일부터 시작하여 사업을 확장해 나갔다. 그렇게 1년 반 만에 무역회사 중 최선두에 서게 되며 승승장구하였으나 1950년 6.25 전쟁 발발로 모든 것을 잃고 만다. 모든 것을 정리하여 대구로 피난을 갔던 이병철은 조선양조장을 찾아간다. 비상 전시상황에서 경영에 많은 고생이 있었을 것임에도 불구하고 조선양조 직원들은 3억원이나 되는 돈을 축적해 두었고 이 자금을 바탕으로 이병철은 부산에서 삼성의 재건을 시작할 수 있었다.

1951.1. 삼성물산 설립. 피난지에서 3억원 비축—삼성물산 재기의 기초. 6.25 동란으로 낙동강 이남의 영남공업지대를 제외하고는 전 국토가 초토화된 상태에서 거액의 자금 3억원은 그가 기업경영에서 유리한 고지를 차지할 수 있는 기초가 되었다.

※ 대구로 피난을 간 지 1개월 후 임시수도 부산에서 삼성물산주식회사를 설립. 그러나 당시 정부가 외화 사용을 엄격히 통제하여 수입, 수출이 힘들어졌다. 홍콩 에이전트가 6.25동란 동안에 배에 물건을 실었던 미화 3만 달러 상당의 상품대금 미수금을 보내옴으로 재기의 기회가 되었다. 또 삼성물산의 설립 일화가 있다. 삼성상회의 성공에 힘입은 이병철은 1939년에 조선양조를 인수했는데, 그 당시 양조업은 가장 유망한 사업이었으며, 조선양조에서는 소주, 청주, 막걸리뿐만 아니라 사이다까지 생산했다. 그러던 중 6.25 전쟁이 일어났고 전쟁통에 삼성물산공사는 보세창고에 쌓아두었던 수입 물품을 도난당해 큰 곤경에 처했다. 그러나 조선양조는 대구로 몰려든 피난민으로 인해 더욱 번창했다. 그야말로 돈을 가마니로 쓸어담을 정도였다. 그러던 중 차츰 전선이 남하하면서 대구도 더 이상

은 안전하지 못하게 되었다. 직원들은 그동안 번 돈을 안전하게 보관하기 위해 부산에서 주류도매업을 하고 있던 사람에게 맡기기로 하고 궤짝 두 개에 3억원 가량의 돈을 담고 서류뭉치로 위장해 조선양조의 자동차에 실어 보냈다. 그런데 그 차는 부산에 도착하지 못하고 돈 궤짝과 함께 행방불명이 되었다. 전쟁통에 알아볼 길이 없는 직원들은 포기하고 말았다. 그렇게 한 달이 지난 어느 날 운전기사가 돌아왔다. 그는 경북 영천에서 미군에게 강제 징집되었고 급한 김에 길가의 정미소에 돈 궤짝을 감춰 두었던 것이다. 직원들은 운전기사와 함께 영천의 궤짝을 숨겨두었다는 정미소로 달려갔으나 정미소는 불에 타 뼈만 앙상하게 남아있었다. 그런데 잿더미를 헤치자 다행스럽게도 궤짝은 타지 않고 고스란히 보존되어 있었고 궤짝 안의 돈도 그대로 있었다. 전쟁통에 사업자금을 모두 잃어버린 이병철은 이 돈을 바탕으로 부산에서 삼성물산을 설립할 수가 있었다.

1953.8.   제일제당 설립.

11.5.   제일제당의 6,300kg의 시제품 생산. 이 날을 제일제당 창립기념일로 선포. 설탕의 수입의존도는 100%였으나, 1956년 이후에는 7%까지 떨어짐.

1954.9.   제일모직 설립. 이병철이 모직공장을 짓는다는 소식에 경제계 반응은 차갑기 그지없었다. 400년 전통의 영국 모직과 경쟁한다는 것 자체가 어리석다는 판단이 우세했다. 하지만 이병철은 주위의 반응에 흔들리지 않고 국제적으

로도 손색이 없는 최신 시설을 갖추기로 결정한다. '대일본모직'의 기기건설허가를 정부에 신청했다. 이에 정부는 이미 발주해 놓은 서독의

스핀바우사 기계를 기술담당이사 하야시 고헤이에게 마스터플랜을 의뢰하고, 이 마스터플랜에 의거한 모직공장을 인수 도입해야 한다는 조건으로 재가하였고, 이병철은 정부의 의향에 따라 스핀바우사 기계를 인수하기로 결정했다. 스핀바우사 쪽에서는 설치공사에 60명의 독일인 기술자와 1년의 공사기간이 소요된다고 했으나, 이병철은 경험도 있고 국내 기술만으로 조립과 설치는 가능하므로 제사, 염색, 가공, 공조 분야 4명만 파견해주기를 요청했다. 결국 사양대로 제품이 나오지 않아도 책임을 지지 않는다는 조건으로 스핀바우사는 이병철의 제의에 동의했다.

1957.10.26. 이승만 대통령의 제일모직 공장 시찰. 제일모직 사업은 애국적 사업이라 칭찬하며, "의피창생"(衣被蒼生)이라는 휘호를 남겨주었다. 이 의미는 "옷이 모든 사람에게 영향을 준다"는 의미이다.

1958. 안국화재 인수.

1961. 삼성물산 회장, 한국경제인협회(현 전경련) 창설, 초대회장.

1964.8. 한국비료 설립. 당시 우리나라는 비료 전량을 수입에 의존하고 있었고 원조자금의 40%를 비료 도입에 충당하고 있었다. 이에 비료의 자급자족을 위한 비료공장 건설에 이병철은 각별한 관심을 가졌다. 하지만 4.19와 5.16을 거치는 동안 비료공장 건설 사업이 수포로 돌아가던 중 박정희 대통령이 이병철에게 비료공장 건설을 권하게 되고 즉석에서 정부의 전폭적인 지원을 약속했다. 이병철은 정부시책의 일관성과 대외교섭 등의 권한을 삼성에 일임한다는 약속을 받고 다시 한 번 비료공장 건설에 도전하게 되었다. 이후 많은 고난과 어려움을 기업가적 마인드와 결단력으로 하나씩 풀어갔고, 1965년 12월 10일 울산공업단지 내 한국비료공장 건설 공사의 막이 오른다. 1966년 9월 16일, 한국비료공장 착공 1년 만에 공정의 80% 가까이가 진척되고 있었고, 공장 완공의 부푼 마음으로 이병철은 도쿄에서 기계 선적을 독려하고 있었다. 그런데 보세창고에 보관 중이던 사카린을 직원이 실수로 정부 허가 없이 시중에 매각하는 바람에 소동이 일어났다. 벌금으로 사건을 처리했던 검찰도 여론에 눌렸는지 일사부재리 원칙을 어겨가며 강제수사에

나섰고, 이병철이 그토록 꿈꾸던 비료공장은 물론 사업가로서의 업적도 모두 허사가 될 수도 있는 상황으로 치달았다. 결국 이병철은 누가 건설하여 운영하든 비료공장은 국가적 견지에서 시급한 것이므로 정부가 인수하여 완공시켜달라고 하며, 한국비료를 국가에 헌납할 것을 공표한다. 그의 숙원사업이었던 비료공장을 완성 직전에 포기할 수밖에 없었던 것이었다. 우여곡절 끝에 이병철은 1967년 3월 완공된 한국비료의 소유주식 전부(전체의 51%)를 정부에 기부하는 절차를 밟았다. 이병철은 10년에 걸쳐 3번이나 도전한 끝에 세계 최대의 비료공장을 결국 본인의 손으로 완성시켰다는 자부심과 역경 속에서도 정심 정념을 잃지 않았다는 사실로 자기 위안을 삼았다. 그렇게 한국비료 사건은 파란 많았던 이병철의 생애에 있어 쓰디쓴 체험이었다.

1965.3.   중앙일보 설립.

1968.   중앙일보 회장.

1969.1.   삼성전자 설립. 전 세계 전자산업의 동향을 주시하던 이병철은 사업성을 검토한 결과 전자산업이야말로 기술, 노동력, 부가가치, 내수와 수출전망 등 우리나라 경제 단계에 꼭 알맞은 산업이라는 결론을 얻는다. 이에 이병철은 전자산업의 장래성을 적극적으로 정부에 설명하는 노력 끝에 1969년 1월 13일 삼성전자공업을 설립했다. 이후 창립 9년 만인 1978년에 흑백텔레비전 200만대 생산, 1981년 5월에는 1,000만 대를 돌파, 또한 1984년 3월에는 컬러텔레비전 500만대 생산을 돌파하였다. 그리고 일본, 네덜란드에 이어 세계 세 번째로 VTR 자체개발에 성공하기에 이른다. 1980년대에 들어서면서는 반도체, 컴퓨터 등 산업용 제품에 주력하는 단계로 들어선다. 이후 삼성전자는 기술혁신, 생산성 향상을 위해 꾸준히 주력하였고, 명실공히 우리나라 제1의 기업으로 도약하는 발판을 마련하게 되었다.

1972.   제일합섬 설립

1973.   제일기획 · 호텔신라 · 삼

성코닝 설립

1974.	삼성석유화학·삼성중공업 설립. 전자산업의 기초를 다진 후, 이병철 회장은 조선업에 관심을 갖게 된다. 1973년 5월 일본 IHI의 타구치 회장을 찾아 협조를 구하였다. 타구치 회장은 삼성이면 가능하다고 생각했기에 흔쾌히 수락했고 이후 경남 통영군 안정리에 50 대 50의 합작투자가 이루어졌다. 그러나 그 직후 중동발 오일 쇼크가 세계경제를 휩쓸게 되고, 그러한 상황에서도 이병철은 정부로부터 합작회사 설립 인가를 받아내지만 조선업계의 침체로 결국 착공을 2~3년 연기하는 것으로 결정했다. 이병철은 사업에 착수하는 용기와 물러서는 용기가 있었고, 물러설 때를 정확히 알았다. 이후 정부와 은행에서 오일쇼크로 어려움에 빠진 중형 조선소를 삼성에서 인수하길 희망했고 이병철은 정부의 요청에 따라 1977년 4월 조선소를 인수하기로 결정한다. 이것이 삼성중공업 거제조선소이다. 1979년 9월, 1호 도크가 완공되고 선진국의 조선기술을 도입하여 3년간 8척의 중형 탱커와 화물선을 건조했고, 그 후 1호 도크의 2배 규모인 2호 도크를 건설, 이병철이 생존해 있던 1986년에는 연간 45만 톤의 건조능력을 갖춘다.
1975.	효행상 제정.

1976.	용인자연농원 개장.
1977.	삼성조선·삼성정밀 설립.
1978.	삼성반도체 설립. 이병철 나이 73세, 이 나라의 백년대계를 위해서 어렵더라도 전력투구를 해야 할 때라 생각하고 어려움과 반대를 무릅

쓰고 반도체 개발의 결의를 굳히게 된다. 이병철은 수많은 전문가들의 의견 및 관련 자료를 손닿는 대로 섭렵하고, 반도체와 컴퓨터에 관한 최고의 자료를 얻고자 무한히 애를 썼다. 그리고 1982년 10월, 반도체, 컴퓨터 사업팀을 조직하고, 1983년 3월 15일 초고밀도 집적회로(Very-large-scale integration, VLSI)사업에 투자한다는 것을 공식적으로 선언한다. 1년간에 걸친 기초조사, 연구, 검토 끝에 내린 힘겨운 결단이었다. 기술은 마이크론사의 64KD램, 샤프사의 CMOS(Complimentary MOSFET, 더 풀어서 Complimentary Metal Oxide Semiconductor Field Effect Transistor, 상보형금속산화막반도체전계효과트랜지스터)공정기술과 16KS램 기술을 도입하였고, 정부, 민간 모든 차원의 협력과 합동 아래 1983년 9월 12일 착공한 공사는 8개월 18일 만인 1984년 3월 말에 완공되었다. 이어 1984년 5월 17일 마침내 삼성반도체통신 기흥 VLSI공장의 준공식이 열렸고, 국내 최초, 국제적으로 세 번째 반도체 생산국의 공장이 완성된 것이다. 완성 4개월 만에 64KD램의 성공 기준인 51% 제품 합격률 달성, 반년 만에는 수율(收率)이 일본 메이커에 비견하는 75%를 훨씬 넘어서게 되었다. 그리고 미국 컴퓨터 메이커의 엄격한 심사 기준에도 무난히 합격, 9월에는 최초로 국산 반도체의 해외수출을 달성하게 되었다. 이후 1984년 10월 256KD램의 독자개발에 성공하고, 1985년 3월 말에는 256KD램을 주 제품으로 하는 기흥 제2라인을 준공하였다. 이병철은 일렉트로닉스 혁명에서 뒤처지면 영원히 후진국을 벗어날 수 없다는 것을 너무나 잘 알고 있었고, 삼성반도체의 성공 여부에 삼성의 운명과 국가의 운명이 달려 있다고 보고 계속 전진해 온 것이다.

1982.   삼성종합연수원 개원, 호암미술관 개관. 미국 보스턴대 명예박사(경영학).
1983.   삼성시계 설립.
1984.   삼성휴렛팩커드 · 삼성의료기기 설립.
1985.   삼성데이타시스템 설립.
1985.   이병철 회장 폐암 판정.

1986.

세 형제가 함께 찍은 사진은 드문데, 이 사진은 1986년에 세 형제가 나란히 찍힌 사진이었다. 둘째 이창희는 새한미디어 회장으로 집안의 반대에도 불구하고 일본 여자와 결혼을 하였던 관계로 후계구도에서 제외가 되었다. 한국비료사건(사카린밀수 사건)의 책임을 지고 감옥까지 갔다왔지만, 서열경쟁을 회복하지 못하고 1969년 왕자의 난을 일으켰다가 실패하면서 후계 구도에서 완전히 배제된 후, 새한미디어를 설립하여 재기에 성공했으나, 백혈병으로 미국에서 치료중 1991년 58세의 나이로 사망했다.

※ 한국비료사건(일명 사카린 밀수 사건): 1966년 5월 24일, 삼성그룹의 계열사 한국비료공업(현 롯데정밀화학. 2015년 인수)이 일본 미쓰이 그룹과 공모하여 사카린 2,259포대(약 55톤)를 건설 자재로 꾸며서 들여와 판매하려고 했다가 들통난 밀수 사건이다. 사카린 이외에도 현금화가 쉬운 일제 냉장고, 밥솥 등 말 그대로 당대 재벌 삼성그룹이 잡상인마냥 밀수를 자행하다 걸린 황당한 사건. 이 사건의 여파로 이병철 삼성 회장은 한국비료공업과 대구대학을 정부에 헌납하고 잠시 2선으로 물러나게 되었다.

※ 왕자의 난: 1969년 말 삼성그룹 회장 이병철의 차남 이창희가 박정희 대통령에게 아버지를 회장 자리에서 축출해야 한다는 투서를 날리면서 삼성가가 뒤집어졌던 사건. 박정희 대통령은 이를 패륜으로 여겨 받아들이지 않고, 이병철이 이 사실을 알고 이창희를 완전히 내쫓아버리면서 삼성가의 왕자의 난은 실패로 돌아갔다. 이때 장남

인 이맹희가 이 사건에 연루되었다는 의혹이 제기되었으나, 진실은 완전히 밝혀지지는 않았으나, 이병철 회장은 장남과 차남 두 아들을 사실상 회장자리 후보자에서 배척하는 사건이 일어났으며, 이로 인해 삼남인 이건희를 후계자로 지목하게 되었다. 이맹희와 이건희의 상속 관련 다툼 소송과정에서의 발언내용을 참고하면, 이들의 관계를 쉽게 짐작할 수 있을 것이다.

이맹희: 요즘 건희가 어린애 같은 말을 해서 몹시 당황했다. 건희는 항상 자기 욕심만 챙겨왔다. 한 푼도 안 주겠다는 탐욕이 이번 소송을 초래했다.

이에 대해 이건희는 다음과 같이 언급했다.

이건희: 이맹희 씨는 감히 나보고 건희, 건희 할 상대가 아니다. 내 얼굴을 똑바로 쳐다보지도 못 하던 양반이다. 30년 전에 나를 군대에 고소하고 아버지를 형무소에 넣겠다고 했다. 청와대 그 시절에 박정희 대통령한테 고발했던 양반이다. 우리 집에서는 이미 퇴출당한 양반이다.

이 소송은 2014년 이맹희가 상고를 포기했고, 이건희도 심근경색으로 의식을 잃었고, 다음해 이맹희 마저 폐암으로 세상을 떠나면서 끝내 화해하지는 못했다. 이맹희 사망 때, 이재용의 조문으로 화해가 이루어짐.

1987.	삼성종합기술원 개원.
1987.11.	이병철 회장 사망. 국민훈장 무궁화장 추서.
1994.	정부의 공기업 민영화 정책으로 한국비료는 다시 삼성으로 돌아옴. 이후 삼성정밀화학으로 사명 변경.

Ⅱ. 이병철의 기업가정신

　(1) 인재제일주의 정신
　(2) 사업보국주의 정신
　(3) 합리주의 정신
　(4) 일등주의 정신
　(5) 책임주의 정신
　(6) 기술혁신주의 정신
　(7) 산업평화주의 정신
　(8) 리더십과 경영의 비결

　이병철은 현대성 추구의 기업가정신을 갖추고 있었다. 1980년대 미국 레이건 대통령은 취임사에서 "신념을 가지고 새로운 고용과 부를 창출하는 기업가는 영웅"이라고 언급하였다. 이병철은 바로 그와 같은 유형의 기업가였고, 그의 기업가정신은 오랜 기업활동과 민족주의 사상에서 우러나온 조직적 신념체계였다. 즉 조국에 대한 사랑과 기업의 사회적 책임을 집약한 신념체계를 바탕으로 하고 있다.

1. 인재제일주의 정신

1) 우리 회사의 인재는 국민 봉사자이다

　삼성종합연수원의 로비 벽에 있는 붉은 화강암 현판에는 "국가와 기업의 장래가 모두 사람에 의해 좌우된다는 것은 명백한 진리이다. 이 진리를 꾸준히 실천해 온 삼성이 강력한 조직으로 인재양성에 계속 주력하는 한 삼성은 영원할 것이며, 여기서 배출된 우리 회사의 인재는 이 나라 국민의 봉사자가 되어 만방의 인류 행복을 위하여 반드시 크게 공헌할 것이다"라고 되어 있다.

2) 최초로 사원공채제도를 시행하다

　이병철은 사람을 채용할 때 재질과 사람됨을 중요시하였다. 우리나라 기업 중에서 삼성이 가장 먼저 사원공채제도를 시행하게 된 것은 그의 신념 때문이다.

3) 일단 채용하면 믿고 맡겨라

"의심 가거든 고용하지 말고, 일단 채용했으면 의심하지 말고 일을 맡겨라."

(疑人勿用 用人勿疑-의인물용 용인물의)

2. 사업보국주의 정신

이병철은 기업을 경영하면서 항상 나라의 경제발전에 도움이 되는 방향으로 기업활동을 실현하면서 사업보국주의정신을 기본으로 삼았다. 이승만 박사를 만난 후 사업보국이념을 확립했다.

1) 이병철은 주권이 박탈당하고 식민지 종주국의 압제하에 그들을 위하여 일방적 의무만이 강요되던 상태에서 해방이 되고 독립이 약속된 상태에서 사업보국을 생각하지 않을 수가 없었다고 한다.

2) 사업보국 차원에서 삼성물산공사 창설 → 제일제당 → 제일모직 → 삼성전자 → 삼성중공업. [무역업 → 경공업 → 중공업]의 순서로 국가에 꼭 필요하다고 생각되는 업종을 순차적으로 선택하여 투자하고 경영하여 성공한 것이다.

3. 합리주의 정신

1) 그는 사회의 모든 면에 있어서 합리화가 이루어져야 한다고 생각하였다.

2) 특히 경영합리화는 가장 시급한 문제로 생각하였다. 자원이 빈약한 우리나라는 생산성 향상과 원가절감으로 국제경쟁력을 높여야 하고 국제경쟁력의 제고는 합리추구가 전제되기 때문이다.

4. 일등주의 정신

1) 그는 경영에 실패하지 않으려면 철저하게 1등을 해야 한다고 한다.

2) 그의 일등주의정신은 상호제정에서도 엿볼 수 있는데 제일제당, 제일모직 등 제일이 되기를 원하였고, 삼성과 중앙일보란 상호에도 최고, 즉 1등주의, 제일의 뜻이 함축되어 있다.

3) 삼성의 '삼': 큰 것, 많은 것, 강한 것을 나타내고, '성': 밝고 높고 영원히 깨끗이 빛나는 것을 뜻한다. 즉 크고 강력하고 영원하라는 그의 소원을 담아 만들었다.

5. 책임주의 정신

1) 권한 위양과 책임정신
그는 권한이란 자기의 책임을 조직 내에서 공적으로 수행하는 힘으로 간주하였고, 권한에는 항상 책임이 따른다고 생각하였다.

2) 삼성상회 시절부터 경영일체를 지배인에게 위임하여 책임감을 가지고 일을 할 수 있도록 하였다.

3) 사장 → 전무 → 상무 → 부장 등으로 권한 이양을 하였다.

6. 기술혁신주의 정신

1) 슘페터가 지적한 모든 조건 구비
슘페터는 기업가란

㉠ 신제품을 생산하고, ㉡ 새로운 기술을 도입하며, ㉢ 신조직의 형성과, ㉣ 새로운 자원 및 새로운 시장을 개척하는 혁신의 수행자라고 규정.

2) 기업가란 신제품을 생산하고 새로운 기술을 도입하며, 신조직의 형성과 새로운 자원 및 새로운 시장을 개척하는 혁신의 수행자이다.

3) 이병철은 1969년 삼성전자공업주식회사 설립에 이어 중화학중공업, 반도체산업, 항공산업 등 기업환경의 변화를 신속하게 파악하여 여러 분야에 적극적으로 진출하였다.

7. 산업평화주의 정신 - 노사와 공존공영 정신

"기업이 솔선해서 종업원에게 최대한의 성의를 가지고 좋은 복지와 후생을 제공하고 종업원은 자기 회사라는 신념으로 최선을 다하면 노사는 공존 공영할 수 있다"는 그의 노사관계관이 주효하였던 것이다.

1987년 6.29민주화 선언 이전 민주화 물결이 전국을 풍미하게 됨에 따라 국민적 욕구가 각계에서 분출하게 되었고, 기업들은 이해관계 충돌로 정신이 없었다. 그러나 삼성만은 안정된 노사관계를 유지하고 있었다.

그는 회사는 업계 최고의 대우와 최고의 근로조건을 보장하고, 종업원은 공동체적 신념으로 최선을 다하면 공존공영할 수 있다고 보았다.

8. 리더십과 경영의 비결

이병철은 창업가형 기업가로서 천재적 능력을 발휘하여 삼성그룹을 성장시키고 우리나라 정상의 재벌자리를 차지하였다.

그의 성공비결은 여러 가지 원인이 복합적으로 작용한다. 그는 건강한 신체와 정신력, 뛰어난 판단력과 리더십, 인내와 근면성을 고루 갖추고 있었다.

1) 이병철의 변혁적 리더십

그의 리더십은 변혁적 리더십으로 추종자들로 하여금 의식, 가치관, 태도의 혁신을 추구하도록 하였다.

2) 경영합리화의 선구적 역할실현

"의심이 가거든 사람을 고용하지 말라. 의심하면서 사람을 부리면 그 사람의 장점을 살릴 수 없다. 그리고 고용된 사람도 결코 제 역량을 발휘할 수 없을 것이다. 사람을 채용할 때는 신중을 기하라. 그리고 일단 채용했으면 대담하게 일을 맡겨라."

3) 기능별, 제품별 사업부제

사장으로부터 말단 사원에 이르기까지 목표를 분명히 제시함으로써 전 그룹적인 경영관리의 체계화를 실현시켰다.

4) 용인술과 리더십

그는 사람은 각기 기량이 다르다고 생각하고 사장이 될 수 있는지 상무에 머무를지를 기량에 의해 결정하고 적용하였다고 한다.

Ⅲ. 이병철회장의 어록

1) 부자 옆에 줄을 서라. 삼밭에 가야 산삼을 캘 수 있다.
2) 내 생각을 말하기 전에 남의 말을 먼저 들어라. 말하는 걸 배우는 데는 2년이 걸렸지만, 말하지 않는 법을 익히는 데는 60년이 걸렸다.
3) 대부분의 화는 말에서 비롯되는 경우가 많다. 말을 많이 할수록 자신에게 독이 되어 자신에게 피해를 줄 수 있다.

4) 한 발만 앞서라. 모든 승부는 한 발자국 차이이다.

5) 있을 때는 겸손해라. 그러나 없을 때는 당당하라.

6) 돈이 돈을 번다고 하지만 돈을 버는 것은 돈이나 권력이 아니라 사람이다(삼성이 발전한 것도 유능한 인재를 많이 기용한 결과이다).

7) 자신감을 높여라. 기가 살아야 운이 산다.

8) 자꾸 막히는 것은 우선멈춤 신호이다. 멈춘 다음 정비하고 출발하라.

9) 공부하고 발전하는 것은 인간으로서 당연한 길이다. 그런데 이런 자기 발전을 하지 않고 게으름을 피우는 것은 스스로 자신을 파멸시키는 행위이다.

10) 역사의 커다란 변혁은 혼란을 동반하지만 한편 사람들에게 새로운 기회나 희망을 안겨주기도 한다. 희망이나 꿈은 사람을 성공으로 이끄는 에너지이며 언제나 무엇인가를 창조하고 성취하면서 살아가려는 인간의 통성이기도 하다.

이병철, 『호암자전』, 나남, 2014년판에서

Ⅳ. 삼성의 비상, 1993 '신경영 선언'

이건희의 진가가 드러난, 1993년 '신경영 선언'

나부터 바꾸자, 마누라와 자식 빼고 다 바꾸자

* 품질 및 브랜드에 대한 고민

* 초일류 기업에 대한 고민

* 인재 관리('1명의 인재가 1만명, 10만명을 먹여 살린다')

우리는 위기를 어떻게 인지하는가?

위기의식을 어떻게 느끼는가?

그 해답은 이건희 회장의 신경영선언을 통해 파악할 수 있다. 이건희의 신경영 선언이 삼성이 위기의식을 느끼고 있었는지는 아래의 칼럼을 보면 쉽게 이해할 수 있다.

'세계 1위' 삼성을 만든 '신경영 선언'…이건희 "싸구려는 다 태워"

https://www.techm.kr/news/articleView.html?idxno=76580

"15만 대, 150억원에 달하는 휴대폰을 불태운 이건희 회장의 결단이 바로 신경영 선언의 핵심"

1993년의 삼성과 2012년의 삼성 매출 이익 비교

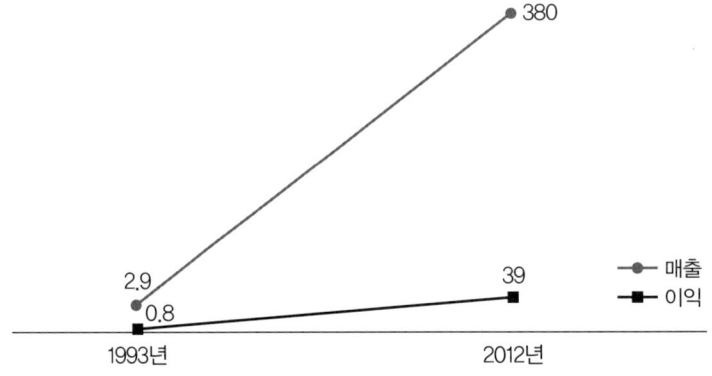

cf) 노키아 폰

노키아는 1998년 6100 시리즈(4
천100만대 판매) 계기로 모토롤라
대신 휴대폰 제조 사업 1위로 등극.

같은 해 출시된 8810 시리즈는
최초의 안테나 없는 핸드폰.

1999년 출시된 Nokia 3210 시리
즈는 6개 색깔의 휴대폰으로 출시,
4~5시간 정도의 통화시간이 가능
했는데도 약 1억6천만대 팔림.

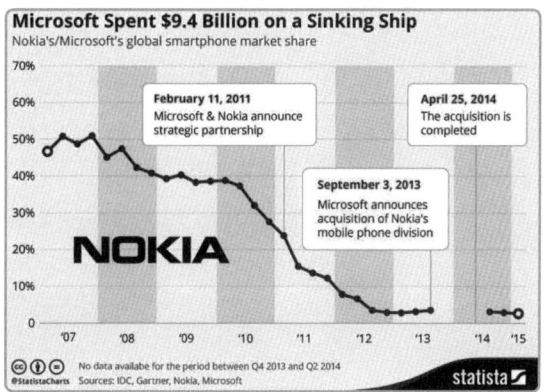

2001년 세계 최초로 카메라가 장착된 핸드폰 the Nokia 7650 출시.

2002년에는 세계 최초로 3G 핸드폰 출시.

2003년 출시한 the Nokia 1100은 저렴한 휴대폰으로 2억 5천만대가 팔렸다.

실패 이유: 2007년 아이폰 발표로 인한 시장의 혁신적 변화(터치, 사용자 기반의 기하급수적
어플로 구성된 앱스토어)에 부적응.

1등 기업이라는 자만감. 노키아의 CEO 올리 페카 칼라스부오는 2017년 출시
된 아이폰을 "장난(joke) 같은 제품이다. 우리가 정한 것이 표준이다"라고 평가
절하함.

중간관리자가 현장의 변화에 대해 보고했으나 경영진에서 이를 거절.

시대의 흐름에 뒤처진 OS 심비안을 버리지 못해 차세대 플랫폼 확보 실패.

노키아 마케팅업무 담당 중간간부였던 하카라이넨은 뉴욕타임즈와의 인터뷰
에서 애플이 아이폰을 출시하기 3년 전에 스마트폰을 개발했으나 새로운 시
도와 모험을 할 필요가 없다는 내부 오판으로 스마트폰 개발을 중단했다고 밝
힘.

2014년에 MS에 휴대폰 부문 매각.

생각노트

느낀점·나의 성공 아이템·아이디어 노트·성공을 위한 나의 노력

유일한과 기업가정신

"기업의 생명은 신용이다. 눈으로 남을 볼 줄 아는 사람은 훌륭한 사람이다. 그러나 귀로는
남의 이야기를 들을 줄 알고, 머리로는 남의 행복에 대해서 생각할 줄 아는 사람은 더욱
훌륭한 사람이다. 건강한 국민, 병들지 아니한 국민만이 주권을 누릴 수가 있는 것이다.
실패, 그것으로 해서 스스로 나의 존재가치를 깨닫는다면, 실패 그것은 이미
나의 재산인 것이다. 기업에서 얻은 이익은 그 기업을 키워 준 사회에 환원하여야 한다"

"국가, 교육, 기업, 가정 이 모든 것은 순위를 정하기 매우 어려운 명제들이다.
그러나 나로 말하면 국가, 교육, 기업, 가정의 순위가 된다"

– 유일한의 어록 중에서 –

New Il Han
유일한

I. 약력

1895.1.15.   평안남도 평양에서 유기연의 6남 3녀 중 장남으로 출생. 평양에서 의
료선교를 하던 미국인 선교사 홀(William James Hall)에게 감화되어 기독
교인이 됨.

1904.   대한제국의 박장현 순회공사를 따라 도미. 유일형은 1904년 9세 때 대
한제국 박장현 순회공사를 따라 그의 조카 박용만과 함께 미국에 건너
가 샌프란시스코에서 초등학교를 다녔고, 이후 네브라스카주 커니로
이주.

1909.   조카 박용만이 1909년 6월 네브라스카주 커니 농장에 한인소년병학교
를 설립하자 14세의 유일형도 이 학교에 다니면서 민족정신을 되새기
며 성장하게 됨.

한인 소년병학교 시절(사진출처: 유한양행 홈페이지)

1911.   헤이스팅고등학교 입학한 유일형은 자신의 이름을 유일한(柳一韓)으
로 개명.

고등학교 시절의 유일한(사진출처: 유한양행 홈페이지)

1916.	미시건대학교 경제학과에 입학.
1919.4.	3·1운동 직후인 1919년 4월, 제1회 미주한인대표자대회가 필라델피아에서 개최되었는데, 이 대회에서 당시 대학 졸업반이던 유일한 박사는 재미 한인대표로 '한국 국민의 목적과 열망을 석명하는

결의문'을 작성 및 낭독했고, 기초위원회 위원장으로 활약.

1922.	미국 미시간대학교 경제학과 졸업, 라초이 식품회사 설립. 대학 졸업 후 대학 동창인 월레스 스미스와 함께 1922년 라초이(La Choy)식품회사를 설립해 큰 성공을 거둠.
1925.	귀국해 정한경, 이희경 등과 함께 유한주식회사(NEW-ILHAN & COMPANY)를 설립했고, 회사설립과 함께 유 박사는 대학 동창이던 중국인 의사 호미리(胡美利)여사와 결혼. 21년 만에 가족과 상봉.
1926.12.10.	귀국 후 유한양행 설립. 1926년 서울 종로2가 유한약방으로 시작했다.
1933.	안티프라민 출시. 유일한이 중국인 부인 호미리의 도움을 받아서 개발한 유한양행의 첫 자체 개발 의약품.

1933년 한국 의약약품 1호 소염진통제 "안티프라민"

1936.6.20.	대한민국 기업 최초 전 사원 주주제 실시,

주식회사로 전환. 법인체 주식회사로 ㈜유한양행 발족. 1주당 50원씩 총 1만 주의 주식을 발행해 자본금 50만 원의 주식회사로 변모했다. 이때, 당시 유일한 사장을 포함한 종업원 77명 가운데 24명이 주주로 등재되었다. 비록 직위에 따라 차등이 있기는 했지만 상당수의 주식을 종업원들에게 공로주 형태로 배분(종업원 지주제)했기 때문에 가능한

일이었다. 유일한 박사 이름을 따서 '유한'과 세계로 통한다는 뜻의 '양
행'을 합친 말로 유한양행이라는 사명을 사용하게 되었다.

1941.   미국 남가주대학원에서 경영학 석사학위 취득.

1942.   미국에서 항일무장 독립군 맹호군 창설 주역. 1942년 12월 태평양전
            쟁이 발발하자 유일한 박사는 미육군전략처(Office of Strategic Services,
            OSS)의 한국 담당 고문으로 활동했다. 유일한은 김호를 비롯한 재미 독
            립운동가들과 힘을 합하여 로스엔젤레스에 '한인국방경위대'를 편성
            했다. 이후 부대 이름을 '맹호군'으로 하여 1942년 2월 29일 임시정부
            군사위원회의 인준을 받았다.

1945.   미육군전략처의 지하 항일투쟁계획인 냅코 작전 특수공작원으로 활
            동. 1945년 1월 1일부터 29일까지 12개국 대표 160명이 버지니아주
            핫스프링에 모여 개최한 태평양문제연구회(Insitute of Pacific Relation,
            IOPR) 총회에 정한경, 전경무 등과 함께 한국대표로 참여해 국제사회
            에 독립의 당위성을 알리기도 했다. 유일한 박사는 OSS(미육군전략처)
            의 비밀 침투작전인 냅코작전[Napko Project: 미국의 특수공작기관인
            OSS(전략첩보국)가 1944년 말부터 1945년 초에 걸쳐 한인 공작원들을
            한반도에 침투시켜 미일전쟁을 승리로 이끌고자 했던 한반도침투작
            전]에도 참여했다. 이때 50대의 나이에도 고된 훈련까지 직접 수행할
            정도로 조국 독립을 위해 헌신했다. (유한양행, 『위대한 선각자 유일한 박
            사』, 유한양행, 43~47쪽)

1946.   귀국하여 초대 상공회의소 회장에 취임.

1948.   스탠퍼드대학원에서 국제법 수학.

1962.   유한양행 주식 상장, 학교법인 유한학원 설립.

1963.12.6. 국가공익포장 표창.

1964.   유한공업고등학교 설립.

   5.12.   우량상공인 표창.

1965.   연세대학교에서 명예법학박사 학위 취득.

1967.   미국 SK&F(현 영국 글락소스미스클라인社)와 기술제휴로 12시간 지속 종
            합감기약 콘택600(현 콘택 골드) 출시.

1968.3.4.   동탑산업훈장 수훈.

1970.   재단법인 한국사회 및 교육원조신탁기금(현 유한재단) 설립.

               미국 '킴벌리클라크社'와 합작투자로 '유한킴벌리주식회사' 설립.

1971.311.   76세를 일기로 영면, 유언장을 통해 전 재산 사회 환원.

유일한 박사 운구 행렬에 도열해 있는 학생들

   5.3.   국민훈장 무궁화장 추서.

1991.10.9.   중앙대학교 참경영인상 추서.

1995.8.15.   건국훈장 독립장 추서.

1996.6.1.   정부로부터 '6월의 문화인물 및 독립운동가'로 선정.

1998.8.   '한국을 빛낸 역대 인물'로 선정(조선일보, 한겨레신문, 매일경제신문).

1999.10.   '가장 존경받는 기업가'로 선정(월간조선).

2004.4.   정부로부터 제1회 '이달의 기업인' 선정.

               경인국도 부천 구간을 '유일한로'로 명명(기업인 최초).

2009.5.   한국을 대표하는 인물 100인으로 선정(한국조폐공사 '한국인 인물 시리즈
               기념 메달' 기업인 최초로 출시).

2024.3.15.   주주총회에서 '회장직 신설 안건' 통과. 손녀 유일링은 "할아버지 정신
               에 따라야 한다"고 강조

Ⅱ. 유일한 박사의 기업가정신

기업가 측면에서 유일한 박사의 정신 및 철학은 일곱 가지로 세분화하여 살펴볼 수 있다.

1. 유 박사의 기업가정신은 민족주의, 특히 **애국애족 정신**에 바탕을 두고 있다. 그의 모든 기업이념, 경영철학은 바로 이 첫 번째 정신에 근간을 두고 있다.

2. 그는 **정직한 납세**를 기업가가 마땅히 지켜야 할 사회적 책임이라고 생각하고 성실한 기업활동의 대가로 얻은 수익에서 단 1원의 탈세도 없이 국가에 납세했다. **납세보국의 정신**으로 국가발전에 이바지하고자 했던 것이다.

3. 유일한 박사는 기업의 성공요건을 인재에 두고 인재 양성에 힘쓰며 유능하고 양심적인 인재의 중요성을 강조했다.

4. 유 박사는 노력을 중시하는 원칙적 상도를 갖춘 철두철미한 성품으로 **근면정신을 강조하는 청지기사상**을 지니고 있었다. 청지기란 무릇 기업과 재산을 이웃과 겨레, 인류를 위해 관리하는 사람을 의미한다. 유 박사는 유한양행을 국내 굴지의 제약회사로 성장시킨 뛰어난 기업가였지만, 단 한 푼이라도 자신을 위해 사용하는 것을 꺼렸으며, 사망할 때는 전 재산을 가족에게 상속하지 않고 모두 사회에 환원했다.

5. 그는 철저한 **합리주의 정신**에 입각해 경영을 했고 기업의 영리추구에 대해 적극적인 태도를 보였다. 그는 이윤이 기업 성장에 필수 불가결한 것이며, 이를 통해 기업이 성장하고 기업이 성장해야 고용이 증대되어 국민경제가 발전한다는 기업 이윤관을 가지고 있었다. 또한 기업이윤을 합리적인 경영, 곧 우량 제품의 생산 및 판매에서 얻어지는 정당한 이익으로 한정했다. 합리주의 정신은 주식공개와 종업원 지주제, 성실한 납세, 기업이윤의 사회 환원을 통해 실천했다.

6. 생전에 그는 **창조적 기업가**로 불리었다. 유 박사는 기술 개발에 대한 관심이 매우 컸다. "우리는 힘을 다하여 가장 좋은 상품을 만들어 국가와 동포에게 도움을 주자"라는 기업정신이 말해 주듯이, 그는 좋은 상품 생산으로 국가와 동포에게 이바지함을 사명으로 삼았다. 좋은 상품의 생산은 단지 열정만으로 이

루어지는 것이 아니며 전문적인 연구개발 활동의 수행, 생산능률의 향상, 그
리고 생산비의 절감 등이 따라야 하는 것이다.

7. 유일한 박사는 기업을 사회적 이익을 증진시키는 기구로 생각하는 등 **기업의
사회적 책임**에 대해 매우 광범위하고 적극적으로 고민했다. 기업의 사회적 책
임이란 인간 가치의 존중에 입각한 경영체의 이해집단을 포함한 사회 및 국민
에 대한 사회적 공헌 혹은 사회적 봉사를 의미한다.

Ⅲ. 유한의 정신과 신조

우리는 힘을 다하여 가장 좋은 상품을 만들어 국가와 동포에게 도움을 주자.

그렇게 하기 위하여,

첫째, 경제수준을 높이며

둘째, 한결같이 진실하게 일하고

셋째, 각자와 나라에 도움이 되도록 하자.

그러므로 각 책임자들은 항상 참신한 계획과 능동적인 활동으로 정직하고 성실
하게 일하자.

유한양행, 『위대한 선각자 유일한 박사』 유한양행, 71〜74쪽.

Ⅳ. 유일한 박사의 모든 것이 녹아있는 어록과 유언장

1. 어 록

눈으로 남을 볼 줄 아는 사람은 훌륭한 사람이다. 그러나 귀로는 남의 이야기를
들을 줄 알고, 머리로는 남의 행복에 대해서 생각할 줄 아는 사람은 더욱 훌륭한 사
람이다.

건강한 국민, 병들지 아니한 국민만이 주권을 누릴 수가 있는 것이다.

실패, 그것으로 해서 스스로 나의 존재가치를 깨닫는다면, 실패 그것은 이미 나
의 재산인 것이다.

기업의 생명은 신용이다.

기업에서 얻은 이익은 그 기업을 키워 준 사회에 환원하여야 한다.

2. 유언장

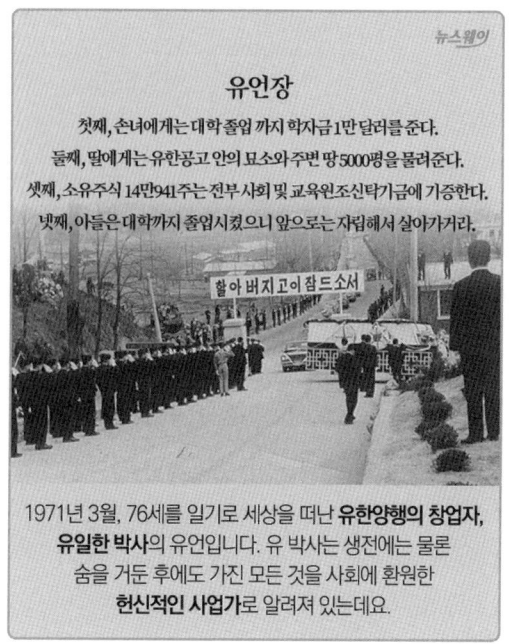

자손들의 유언장 실천

첫째 1만 달러 학자금을 받은 손녀 유일링(한국명 유은령)은 예일대 경영대학원을 졸업했고, 졸업시까지 5000달러만을 쓰고 5000달러는 사회에 환원했다. 그리고 유일한 정신을 이어갈 연구재단을 설립했다. 현재 애리조나 사격학교 코치.

둘째, 딸 유재라가 받은 유한공고 안의 묘소와 주변 땅 5,000평은 1991년 세상을 떠나면서 유한공고에 기부했고, 200억원대에 달하는 본인의 전 재산을 사회에 기부하며 2대에 걸친 전 재산 사회환원을 실천했다.

넷째, 아들은 대학까지 졸업시켰으니 앞으로는 자립해서 살아가라고 한 아들 유일선은 미국 변호사 출신으로 한때 유한양행 부사장에 취임했으나, 기업이익만을 중시하여 유일한의 눈밖에나 유한양행에서 해고함. 유일선과 유일한 박사의 동생 유특한(현 유유제약 창업주)은 유일한 박사를 상대로 퇴직금 반환 소송을 벌였다. 유한양행에서 지급한 퇴직금이 너무 많다는 것으로 다시 반환한다는 내용의 소송이었고, 승소한 후 두 사람은 퇴직금 전액을 회사와 사회에 기부함.

생각노트
느낀점·나의 성공 아이템·아이디어 노트·성공을 위한 나의 노력

Steve Jobs

스티브 잡스의 기업가정신

"Think different (다르게 생각하라)"
"Stay Hungry, Stay Foolish (새로움을 갈망하고 어리석음을 유지하라)"

Steve Jobs

STEVE JOBS

I. 약 력

1955.2.24. 조앤 시블과 시리아의 압둘타파 존 잔달리와의 사이에서 아들로 태어났다. 위스콘신 대학교의 대학원을 다니던 앞둘타파 존 잔달리와 시블이 만났고, 1954년 시블이 잔달리와 함께 시리아를 방문했을 때, 스티브를 임신하였고, 잔달리와 결혼하면 시블과 부녀의 연을 끊겠다는 아버지의 반대로 결국 입양을 보낼 결심을 하게 되었다. 시블은 아이가 대졸 이상의 학력을 가진 부부에게 입양되어야 한다고 믿었지만 고등학교 중퇴자 부부인 잡스 부부가 아이를 꼭 대학에 보내겠다고 서약서를 써서 보내자 입양 문서에 서명을 했다. 시블은 아버지가 눈을 감으신 후, 결혼하면 아들을 되찾을 수 있을 것이라고 생각했고, 시블 아버지는 입양 절차가 끝난 후 몇 주 후에 사망했으며, 시블과 잔달리는 결혼을 하게 되었으나, 입양 절차가 비밀리에 진행되어 20년 후에야 아들을 만나게 된다.

1955. 태어난 지 1주일 후 폴 라인홀트 잡스와 클라라 헤고피언에 의해 입양되었고, 성인이 된 이후 잡스는 양부모인 잡스 부부를 "1000퍼센트 제 부모님입니다." 반면에 친부모는 "그들은 나의 정자와 난자 은행이지요. 무정한 게 아니라 사실이 그래요. 정자은행일 뿐 그 이상도 그 이하도 아니지요"라 표

현했다. 생물학적인 동생 모나 심프슨(1957년생, 조앤 시블과 잔달리의 딸로 소설가이자 수필가)이 있다.

1960년대 초등학교 시절부터 알고 지내던 래리 랭으로부터 히스키트라는 아마추어 전자 공학 키트를 통해 전자제품의 작동원리를 익히게 되었다. 4학년에 수학 시험을 보자 고등학교 수준의 능력이 있음이 밝혀졌다.

1967. 12살이던 고등학교시절 전화번호부를 보고 휴렛 패커드사(Hewlett-

Packard Company)의 CEO 빌 휴렛에게 전화를 걸어 주파수 계수기의 부품을 요청. 빌 휴렛이 들어주자 결국 잡스는 팰로앨토(Palo Alto)에 위치한 휴렛 패커드에서 방과후 수업을 들었고 스티브 워즈니악과 함께 휴렛 패커드사에 여름 동안 임시 채용되기도 했다.

1971.   워즈니악과 잡스는 애플의 탄생에 큰 기여한 블루 박스 제작 판매. Blue Box는 공중전화에 연결해서 코드를 트랙킹하여 무료로 장거리 전화를 사용할 수 있는 키트로 불법이지만 판매해서 수익을 얻었다.

1972.   리드 칼리지 철학과 1학기만 수강한 후 중퇴.

1973.   칼리그래피(Calligraphy: 글씨나 글자를 아름답게 쓰는 기술. 좁게는 서예에서 나아가는 모든 활자 이외의 서체를 가리킨다) 수업 청강. 오리건주 올 인 원 팜(All in one farm)이라는 사과 농장에서 히피 공동체 생활을 하다가 그곳에 기거하던 일본 불교 승려인 오토가와 고분(일본어: 乙川弘文)을 만나 불교에 입문하게 되다.

1974.   캘리포니아로 돌아와 아타리(Atari: 회사 이름은 바둑의 바둑 용어 '단수'의 일본어인 'アタリ(아타리)'에서 유래했고, 로고는 후지산에서 유래하여 일본회사로 알고 있으나, 미국 비디오 게임회사이다)에서 일함. 워즈니악의 권고로 홈브루 컴퓨터 클럽에 나가게 됨. 인도 여행. 잡스는 아타리에서 일하던 도중인 1974년 초, 인도 순례 여행을 떠났고 7개월간의 여행 후 다시 아타리로 돌아와 일하였다. 부슈널은 잡스에게 브레이크아웃(Breakout)이라는 벽돌 깨기 게임을 설계할 것을 지시했는데, 칩을 50개 미만으로 사용하면 줄어든 칩에 비례해 보너스를 주겠다고 약속했다. 잡스는 워즈니악에게 보수를 반씩 나누는 조건으로 도움을 청하고 워즈니악은 불과 4일 만에 45개의 칩만으로 게임을 설계해내지만, 잡스는 워즈니악에게 기본 수고비의 절반인 350달러만 주었다. 잡스가 아타리로부터 받은 돈은 5,000달러였다. 이것이 애플 설립 자금이 되었다.

1976. 캘리포니아주 실리콘밸리 내 팰로앨토에서 스티브 워즈니악과 애플 창립. Apple이라는 기업명의 유래 또한 전기에 자세히 나오는데, 잡스와 워즈니악이 회사 이름으로 여러 의견을 내놓다가, 당시 과

일만 먹는 식단을 고집하고 있었고 마침 사과 농장을 다녀오던 잡스가 Apple이라는 이름을 떠올려 회사 이름으로 정했다. Apple이라는 이름은 생기 있으면서 위협적인 느낌이 없었고 컴퓨터의 강한 느낌을 누그러뜨려 주었다고. 또한 Apple이라는 기업 이름이 1970년대 컴퓨터가 진지한 제품이었을 시절에는 아주 톡톡 튀는 이름이었고, 이를 통해 '우리는 다르다!'라는 것을 보여주고 싶었다고도 한다. 게다가 영어 알파벳 'A'자로 시작해서 전화번호부에서 상당히 앞부분을 차지할 수 있었던 것도 이점으로 작용했다고 한다. Atari보다 앞에 있을 수 있었다. 결과적으로 Apple은 초기에 이름 덕분에 주목을 꽤 받았다.

창업 당시에는 공식 명칭이 Apple Computer Company였으나 1년 후인 1977년 Apple Computer Inc.로 이름을 바꿨고 이후 30년간 유지되다가 2007년 스티브 잡스가 '이제 Apple은 단순한 컴퓨터 회사가 아닌 가전제품을 총괄하는 회사로 거듭났다'고 선언하며 사명에서 컴퓨터 부분을 제거하고 Apple Inc.로 이름을 변경하였다. 대한민국에서는 공식 명칭이 애플컴퓨터코리아였다가 2010년에 소리 소문 없이 본사와 동일하게 정식 명칭을 애플코리아(유한회사)로 변경했다.

최초의 Apple 로고
사과나무 아래에서 책을 읽는 뉴턴으로 이 액자 틀에는 "뉴턴, 낯선 상념의 바다를 영원히 홀로 떠도는 정신"(Newton, A mind forever voyaging through strange of thought alone)이라는 문구가 새겨져 있다.

롭 자노프가 디자인한
Apple 로고

1998년부터 2003년까지 현재
로고와 병행 사용한 파란색 로고

현재 사용하는 로고

Apple 로고의 정확한 유래에 대해서는 월터 아이작슨이 집필한 스티브 잡스 전기에 나오는데, 로널드 웨인이 디자인한 최초의 Apple 로고에 있는 사과는 튜링의 사과가 아니라 '아이작 뉴턴의 사과'이다. 하지만 Apple II의 광고를 제작할 때 고풍스러운 로고가 광고와 어울리지 않는 다는 이유로 아트 디렉터인 롭 자노프가 새로운 로고를 디자인하게 되었다. 자노프는 온전한 사과 모양의 로고와 한 입 베어 먹은 사과 모양의 로고 두 가지 시안을 만들었는데, 잡스는 온전한 사과는 체리나 토마토처럼 보인다는 이유로 한 입 베어 먹은 사과를 로고로 선택했다. 자노프의 로고에는 원래 무지개무늬가 들어가 있었지만 1998년 이후부터는 단색의 로고를 사용하고 있다. 사과의 가장 아래 부분이 IBM을 의식한 파란색이라는 주장이 있었다.

1984.   매킨토시 128K 발표.

1985~6.   전문경영진과의 대립 끝에 애플에서 퇴진, 애니메이션 회사인 픽사 인수 (세계 최초의 풀 CG 3D 애니메이션 영화 Toy Story 제작).

1986.   NeXT컴퓨터 창업. 새로운 운영체제 개발. NeXT Inc.(넥스트사, 나중에 NeXT Computer, Inc.와 NeXT Software, Inc.로 이름을 바꿈)는 3대의 워크 스테이션(넥스트 컴퓨터(NeXT Computer), 넥스트 큐브(NeXTCube), 넥스트 스테이션(NeXTStation))을 개발, 판매했다. 첫 작품인 '넥스트 컴퓨터'를 제외한 두 대의 워크스테이션은 운영체제로 BSD를 기초로 한 넥스트 스텝(NeXTStep)을 개발해서 사용했으며, 훗날 윈도우 95에 대항하

기 위해서 썬 마이크로시스템즈와 협력해서 오픈 스텝(OpenStep)을 개
발했다.

1997. 1997년 애플의 존 스컬리 후임인 질 아멜리오 CEO가 애플 매킨토
시용으로 혁신적인 OS를 공개입찰했을 때, 스티브 잡스는 자신
이 넥스트(NeXT)컴퓨터에서 개발한 OS를 가지고 애플의 입찰에서
혁신성을 인정받았고 넥스트 지분을 애플에 매각하는 형태로 당당히
애플 고문으로 재입성했고, 구조조정 단행.

1998. 아이맥 출시.

2001. 세계 최다 판매 휴대용 디지털 음원재생기 아이
팟 출시. 아이팟(영어: iPod)은 미국의 애플사의
포터블 미디어 플레이어 브랜드 및 시리즈이다.
아이팟은 MPEG−2와 MPEG−4의 일부로 규정
된 AAC 포맷의 음악 파일과 MP3, WAV, AIFF,
애플 무손실 형식의 음악 파일(아이팟 셔플 제외),
Audible 형식의 오디오 북을 재생할 수 있다. 인
터페이스와 대용량 저장 공간, 아이튠즈를 통한

편리한 곡 관리, 아이튠즈 스토어를 통한 편리한 곡 구매 기능으로 세
계적으로 큰 인기를 끌었다.

2003. 온라인 음악시장 아이튠즈 발표.

2004. 췌장암 수술.

2007. 터치스크린 스마트
폰 아이폰 출시. (스
티브 잡스의 아이폰 출
시. 프레젠테이션 동
영상 https://youtu.be/
DIKbwNJpP9I 참조)
잡스는 다음과 같이
회상한다. 그 사람은
마이크로소프트가

스티브 잡스: 이게 바로 iPhone입니다.

태블릿 PC 소프트웨어로 세상을 완전히 바꿔 놓을 것이라고, 그래서 노트북 컴퓨터들이 완전히 사라질 것이라고, 그러니 Apple은 자신이 개발한 마이크로소프트 소프트웨어에 대해 라이선스를 얻어야 한다고 계속 나를 괴롭혔지요. 하지만 그의 기기는 완전히 잘못된 방식을 쓰고 있었어요. 스타일러스(Stylus, 컴퓨터용 펜슬)는 종속형 시트(CSS)로 컴파일되는 동적 스타일시트 전처리기 언어가 딸려 있었거든요. 스타일러스가 있으면 끝이에요. 그날 저녁 그 사람은 나한테 그 애기를 열 번쯤 했을 겁니다. 나는 지긋지긋해져서 집에 돌아와 이렇게 말했지요. "웃기고 있네. 진짜 태블릿이 어떤 것인지 보여주지." 다음날 잡스는 회사에 출근해 자신의 팀을 모아 놓고 말했다. "태블릿 컴퓨터를 만듭시다. 단, 키보드나 스타일러스가 딸려 있어선 안 됩니다." 손가락으로 스크린을 터치해 입력할 수 있어야 한다는 것이었다.

여러 면에서 진일보한 스마트폰이었는데, 세계 최초의 정전식 Multi-touch 스크린[정전식 멀티 스크린의 작동 원리는 터치스크린에 형성되어있는 정전용량 변화에 의해 터치 유무를 인식하는 것이다. 즉 스스로 느낄 수는 없지만 사람의 몸에는 전기가 통하고 있기 때문에, 사람이 터치스크린에 접촉하는 순간 해당 부분의 정전용량이 변화하게 되고 이것을 감지하는 방식이 정전식 멀티 터치 스크린이다]을 탑재한 제품으로 Quad band GSM 버전으로 미국, 유럽 일부 국가에만 판매되었다. 당시 기준으로 200만 화소의 쓸 만한 카메라가 장착되어 있었다. 3.5인치 디스플레이는 당시로서는 꽤 큰 편이었고, 무엇보다 별도의 키패드가 없는 전면 정전식 터치스크린은 최초였다. 스티브 잡스가 발표하면서 했던 말이 바로 "버튼은 너무 거추장스럽다. 스타일러스 펜은 대체 왜 써야 하냐?"라는 말이었다. 이러한 거추장스러운 모든 것을 배제한 것이 스마트폰이라는 것이다.

2009.   간 이식 수술, 호르몬 치료 지속.

2010.   태블릿 PC 아이패드 발표. 애플, 마이크로소프트를 제치고 최대 IT 기업에 등극.

2011.8.24. 건강 악화로 CEO를 팀 쿡(Timothy Donald "Tim" Cook)에게 물려주고 전

격 사임.

2011.10.5. 췌장암으로 사망. 향년 56세.

Ⅱ. 스티브 잡스의 기업가정신이 숨 쉬고 있는 애플 본사(애플 캠퍼스와 애플파크)

1. 애플 캠퍼스

애플 캠퍼스(Apple Campus)는 미국 애플사의 본사이다. 캠퍼스는 캘리포니아주의 쿠퍼티노 (Cupertino) 1 인피니트 루프(1 Infinite Loop)에 위 치하고 있으며, 교외의 비즈니스 파크와 비슷한 녹지 주변에 배치된 건물과 함께 대학을 연상시 킨다.

2. 애플 파크

애플 파크(Apple Park)는 애플 캠퍼스에 이어 새로 신설된 애플사의 사옥이다. 캘리포니아주 의 쿠퍼티노에 위치하고 있으며, 모형은 원형이 다(천재 건축가 노먼 포스터가 설계).

> 애플의 미치도록 훌륭한, 혹은 그냥 미친 신사옥의 면면을 들여다봤다. 매 끈한 곡선, 깎아낸 알루미늄, 끝없는 유리, 벽 속의 정원.......애플의 신제품 처럼 보인다.
>
> —Steven Levy, *Inside Apple's Insanely Great*—

이 사옥은 맨 처음 스티브 잡스에 의하여 착안되었고 Lord Norman Foster가 디자 인하였다. 잡스는 포스터에게 대성당과 모습이 비슷한 픽사의 사옥을 보여주면서 새로운 애플 사옥은 모든 것이 한 지붕 아래에 있어야 한다고 당부하였다. 그는 2011 년 죽음 직전까지 2년 동안 굉장히 많은 시간을 사옥 건설에 투자했다.

2006년 4월에 스티브 잡스는 인근 9개의 부지를 확보한 뒤 쿠퍼티노 시의회에서 새로운 애플 캠퍼스, 애플 캠퍼스 2를 건설하겠다고 공식적으로 발표한다.

2011년 6월 7일에 당시 애플의 CEO였던 스티브 잡스는 쿠퍼티노 시의회에게 새로운 건물의 구조 및 환경 등 자세한 내용을 설명했다.

2013년 10월 15일에 쿠퍼티노 시의회는 6시간의 토의 끝에 만장일치로 애플 신사옥 프로젝트를 허가했다. 허가가 나자 철거가 시작되었다.

원래 2013년 착공하여 2015년 완공이 예정이었지만 여러 이유로 연기되면서 2014년에 착공되었다. 2017년 2월 22일에 애플은 새로운 애플 캠퍼스가 2017년 4월에 완공되며, 공식적은 이름은 "애플 파크"라고 발표했다. 강당은 "스티브 잡스 극장"이라고 명명되었다.

(1) 디자인

스티브 잡스는 이렇게 말했다.

"중간에 아주 멋진 공원이 있습니다. 이건 시작에 불과하죠. 건물 자체가 하나의 큰 원이고, 벽의 모든 면이 굽어져 있습니다. 건물을 지을 때 굉장히 저렴하지 않게 짓는 방법 중 하나이죠. 메인 건물에 들어가는 모든 유리가 곡선형 유리입니다. 저희는 세계에서 가장 멋진 회사 건물을 지을 수 있을 것이라고 확신합니다. 건축을 공부하는 학생들이 견학을 올 정도로 멋질 것입니다."

"완전한 원형"으로 알려진 고리 모양의 건물을 원래 처음부터 이렇게 계획했던 것은 아니다. 각층의 내부 테두리와 외부 테두리는 사람이 이동하는 복도로 열려 있다. 캠퍼스는 원주가 1마일(1마일=1.609344km)이며, 직경이 461m이다. 지상 4층, 지하 3층, 총 8층으로 이루어져 있는 건물 하나가 모든 직원들을 수용할 수 있다. 애플은 디자인 문제를 완벽하게 해결하기 위해 건물의 모든 부분을 실물 크기의 모형으로 만들었다.

원형 건물의 안쪽 부분은 캘리포니아의 과수원에서 아이디어를 얻은 과일나무와 굽어진 통로가 있는 30에이커(약 12헥타르. 1에이커=4046.85㎡, 1헥타르=10,000㎡, 1헥타르=3024.98평)의 공원이 된다. 연못도 그 일부이다.

애플파크의 디자인은 도로와 주차 공간을 지하에 숨긴다. 캠퍼스는 벽과 내부 안뜰 또는 건물 외부를 바라보는 경관을 위해 유리만 사용한다. 캠퍼는 건물을 가로지르는 구불구불한 길과 녹지 환경, 직원들이 만날 수 있는 열린 좌석 공간으로 설계되어 있다. 약 83,000ft^2(7,700m^2, 1ft^2=0.0929m^2)의 공간이 건물의 회의 및 휴식을 위한 공간이다.

스티브 잡스는 건물에 단 하나의 틈새 또는 페인트 브러시 자국도 남지 않는 완벽한 마무리를 바랐다. 스탠포드 대학의 캠퍼스 건물에서 영감을 받은 것이다.

가구에 사용되는 모든 내재물은 특정 종의 단풍나무에서 수확되어야 했다. 애플은 이와 같은 디자인 및 자재 공급을 위해 19개국의 건설 회사와 협력했다.

통풍이 되는 빈 콘크리트 석판이 건물의 바닥, 천장 및 HVAC 시스템으로 작동한다. 총 4,300개의 석판이 건축에 사용되었으며, 석판 중 일부는 무게가 6만 파운드(27톤)에 달한다.

건물 내부와 외부는 DPR사와 스칸스카(Skanska)사에 의해 착공되었으나, 공개되지 않은 이유로 중도에 사업에서 빠지게 되었고, Rudolph & Sletten과 Holder Construction사가 이어서 내부 인테리어까지 완성했다.

(2) 비용

토지 비용은 1억 6000만 달러로 추산되었다.

2011년 애플 캠퍼스 2의 예산은 30억달러 미만이었으나, 2013년에는 총 비용이 50억달러에 근접한 것으로 추산되었다.

(3) 위치

애플은 1977년 이래로 쿠퍼티노에 위치했다. 따라서 값이 싸고 먼 곳으로 이주하기보다 이 지역에 건설하기로 결정하였다.

애플 파크는 기존 시설에서 불과 동쪽으로 1마일 정도 떨어져 있는 거리이다.

(4) 카페

캠퍼스에는 7개의 카페가 있으며 가장 큰 3층짜리 카페는 3,000명을 수용할 수 있는 곳으로, 밝은 색의 석조 안감과 금속지지대가 없는 유리난간이 있다. 또한 광범위한 조경으로 둘러싸여 있다. $20,000ft^2(1,900m^2)$의 중이층 공간은 외부 테라스에서 600명 혹은 1,750석을 수용할 수 있으며, 하루에 15,000개의 점심 식사를 제공할 수 있다. 세로 5.5m, 가로 1.2미터의 엄청난 크기의 흰색 오크나무를 사용해 특별히 제작된 500개의 테이블을 자랑한다.

스포츠 테이블과 벤치는 애플 스토어의 테이블과 비슷하다. 메인 레스토랑의 커다란 문은 높이가 28m(92ft)이며 세계에서 가장 큰 문이다. 카페는 유리 벽 너머의 초원지대까지 펼쳐져 있으며, Apple이 '글레이드'라 부르는 곳에서 알프레스코(Alfresco: '야외에서'라는 의미를 지니고 있다) 식사를 할 수 있다.

(5) 강당

Apple의 공동 설립자인 Steve Jobs의 이름을 본 따 Steve Jobs Theater라고 명명된 강당은 Apple 제품 출시 및 기자 회견을 위해서 지어졌다. 캠퍼스의 언덕 꼭대기에 위치한다. 강당에 이르는 계단이 있는 커다란 원통형 로비가 있다. 북동쪽에 350개의 주차 공간이 있고 극장 북서쪽에 있는 메인 캠퍼스로 이어지는 보행자 전용 도로가 있다. 이로써 애플은 제품 출시 및 발표를 보다 효과적으로 관리할 수 있게 된다.

극장의 지상 로비는 모두 원통형 유리벽으로 되어 있으며, 기둥이 없고 탄소섬유로 지붕이 이루어져 있다. 따라서 녹지로 가득한 캠퍼스 전경을 360도 모든 각도에서 바라볼 수 있다. 탄소섬유 지붕은 현재까지 알려진 가장 강하고 가벼운 물질 중 하나이며 유리벽으로 완전히 지지된다. 두바이에 소재한 회사인 Premier Composite Technologies는 44개의 동일 패널로 구성된 80톤급(80미터톤. 1미터톤=1000kg) 탄소섬유 지붕을 공급했다. 각 패널은 길이가 21ft(6.4m), 너비가 11ft피트(3.4m)이며 다른 패널과 중간에 고정되어 있다.

(6) 피트니스 센터

캠퍼스의 북서쪽에 위치한 100,000ft^2 규모의 웰니스/피트니스 센터는 동시에 최대 2만 명의 직원이 사용할 수 있다. 체육관 장비와는 별도로, 피트니스 센터에는 탈의실, 샤워실, 세탁서비스 및 단체 전용룸 등의 편의시설이 있다.

(7) 연구 및 개발 시설

캠퍼스의 남쪽 가장자리에 2개의 큰 건물이 건설 중이다. 규모는 300,000ft^2 (28,000㎡)에 달한다. 최상층에는 디자인 책임자가 이끄는 산업디자인 및 휴먼인터페이스 팀으로 구성된 R&D 부서가 있다.

(8) 대중교통

버스로 출퇴근하는 직원은 지하철 2개의 계단을 통해 메인 캠퍼스로 이어지는 버스 정류장에서 승하차하고 출발한다. 이로 인해 버스 승객이 20% 정도 증가할 예정이다.

(9) 주차장

주차장은 지하에 약 14,200명의 직원을 수용할 수 있는 2개의 대형 주차 구조물로 지어진다. 쿠퍼티노시의 규정에 따르면 약 11,000개의 주차 공간이 필요하다.

애플 파크가 열린 뒤 700개의 새로운 전기 자동차 충전 포트가 현장에 추가되었다.

지하 주차장에는 2,000개의 주차공간이 있다. 주차는 교통량 및 주차공간을 관리하는 센서 및 앱에 의해 관리된다. 2,000개의 자전거 주차 공간도 있다.

(10) 방문자 라운지

North Tantau Avenue Visitor Centre는 캠퍼스와 애플 스토어가 내려다보이는

2,386ft²(221.7m²)의 카페와 전망대가 있는 2층짜리 20,135ft²(1,870.6m²) 구조이다. 센터의 예상 건축비용은 8천만 달러이다. N. Tantau (Tantau 및 Pruneridge의 NE 구석)에 위치한 호텔은 캠퍼스 내에서 길 건너편에 있으며 Santa Clara 주거지역과 인접해 있다. 700개에 가까운 자리를 구비한 지하 주차장은 예상 건축비용이 2천6백만 달러이다.

175에이커(71 헥타르)의 캠퍼스 전역에 조깅 및 자전거 도로가 설치되며 직원들이 타고 다닐 수 있는 자전거 1,000대가 준비될 것이다.

(11) 조 경

공사 전 캠퍼스의 20%만이 녹지공간이었다. 애플은 건축이 끝나면 녹지공간이 80%가 된다고 했다. 본관 한가운데 있는 큰 안뜰은 카페 근처에서 살구, 올리브, 사과 과수원과 허브 정원으로 꾸며질 것이다. 캠퍼스 풍경으로 선정된 식물은 가뭄에 강하고, 재활용된 물은 캠퍼스에 물을 공급하는 데 사용된다.

애플은 캠퍼스 주변에서 캘리포니아주 자연 환경을 조성하기 위해 스탠포드 대학(Stanford University)의 수목전문가 데이브 머프리 (Dave Muffly)를 고용했다. 교내에는 9,000그루의 나무가 있으며, 309가지 종류의 씨종들이 있을 것이다. 심은 나무는 오크 사바나, 오크나무, 살구, 사과, 매실, 체리 및 감 등 과일나무이다. 캘리포니아의 초원에 15에이커(6헥타르)를 추가로 사용할 계획이다. 전 캠퍼스에 있는 4,506그루의 나무 중에서 1,000개가 새로운 캠퍼스로 옮겨진다. 수목전문가 데이브 머프리는 이주를 위한 각종 종묘장에 있는 4,600개 이상의 나무를 키우고 있다. 젊고 성숙한 나무와 최소한의 물 소비로 산타클라라 카운티에서 번성할 가뭄과 열대식물을 모두 포함한다. 주변에 있는 나무는 그대로 유지되고 더 자연스러운 울타리로 작동하기 위해 주변으로 이동한다.

(12) 전원 공급

애플 파크는 전적으로 신 재생에너지로 가동되며 세계에서 가장 에너지 효율적인 건물 중 하나가 될 것이다. 캠퍼스의 옥상에 설치된 태양전지판은 17일 메가와트의 전력을 생산할 수 있어 낮 시간 동안 75%의 전력을 공급할 수 있으며, 세계에서 가장 큰 태양 지붕 중 하나이다. 다른 4메가와트는 바이오연료 또는 천연가스로 구동되는 Bloom Energy Server 연료전지를 사용하여 현장에서 생성된다. 공기는 건물의 내부와 외부 사이를 자유롭게 통과하면서 자연적으로 환기를 시켜 일 년 중 9개월 동안 에어컨의 필요성을 없애준다.

Ⅲ. 스티브 잡스의 경영과 기업가정신

1. 스티브 잡스의 경영

(1) 달걀

1) 달걀에서 창조성과 발명의 영감을 얻음
2) 달걀이 세상에서 가장 훌륭한 제품이라고 생각함
3) 디자인이나 느껴지는 촉감, 껍질 안쪽 구조 등이 믿을 수 없을 만큼 완벽하다고 생각함
4) 디자인이나 촉감의 아이디어의 실마리를 달걀에서 얻음

(2) 경영복귀 후 파급효과

스티브 잡스는 1985년 경영분쟁으로 자신이 설립한 회사에서 쫓겨났다. 이 경영분쟁을 일으킨 사람은 바로 잡스가 스카우트한 펩시콜라 사장 출신의 스컬리인데, 아이러니하게도 잡스는 애플 초기, 펩시콜라의 사장인 존 스컬리를 영입하려 했으나, 대기업의 사장 자리를 놓고 신생기업으로 가기를 망설이던 스컬리에게 "평생 설탕물이나 만들며 살 것이오? 그러지 말고 나와 함께 사람들의 꿈을 만드는 일을 합시다."라고 하자 존 스컬리는 망설임 없이 애플로 이적했다고 한다.

잡스는 경영문제는 곧 새로운 제품생산이 경영이라는 참신한 경영마인드로 전 세계 기업가들의 표상이 된 것이다. 경영권방어만을 위한 제품 없는 경영권유지는 깡통이라는 개념을 정립한 것이다.

(3) 프리젠테이션

광고, 무대연출, 조명 등에서 사용하는 단어 한마디도 다듬고 정리하여 파급 효과를 예상하고 프리젠테이션을 했다. 이 프리젠테이션은 준비기간만 6개월, 무대연

출만 3주, 최종리허설을 2주 동안 하는 대작이었다. 프리젠테이션으로 인한 광고효과, 제품성능, 파급효과라는 새로운 광고 미디어의 장을 연 것이다. 즉, 프리젠테이션은 광고이면서 영업매출로 직결된다는 논리이다.

(4) 아이폰 문화

모바일과 소셜 네트워크, 이 두 가지는 현대에 가장 큰 정치적, 경제적, 군사적, 문화적 콘텐츠이다. 아랍의 중동혁명을 모바일 혁명이라 한다. 이에 폭발적인 기여를 한 것이 바로 소셜네트워크이다. 미래를 주도하는 모바일 산업을 아이폰, 아이패드, 아이팟이란 3대 명물이 선도하기 때문에 21세기 최대 작품이라 하는 것이다. 이것은 우리 문화를, 생활환경 방식을, 대중매체 기능을 바꾸어 가고 있다.

2. 스티브 잡스의 일화

1) 철저한 채식주의자로 견과류와 물만 섭취했다고 알려져 있으며, 펩시에 계약차 들렀을 때 펩시 음료에 전혀 손을 대지 않았다고 한다.

2) 연봉이 1달러인 최고경영자로 유명한데 이 1달러마저 연봉으로 단 한푼도 받지 않을 경우에 노동법상 고용관계가 유지될 수 없기에 최소한으로 정해 놓은 액수이다. 또한 회사로부터 봉급을 받으면 의료보험 혜택도 받을 수 있다는 것도 한몫했다고 전해진다. 그러나 그는 연봉 1달러 외에도 스톡옵션이나 여러 가지 성과급 형태로 보상받았다. 하지만 애플은 주주배당이 적기 때문에 실제 그의 소득은 디즈니 주식의 배당인 연 500억원 정도다.

3) 승승장구하며 자신들의 아성에까지 침범한 애플에 화가 난 IBM은 한 입 베어먹은 사과 모양의 애플의 로고에 대해 "애플은 썩은 사과"라며 시비 걸기도 했다. 스티브 잡스는 이에 "애플은 썩은 부분을 완전히 도려냈기 때문에 이제는 아주 깨끗하다"고 답변했다.

3. 스티브 잡스가 남긴 명언에 담긴 기업가정신

① 늙은 사람은 앉아서 "이게 뭐야?"라고 묻는데, 소년은 "내가 이걸로 뭘 할 수 있지?"라고 묻는다.

② 자기가 세상을 바꿀 수 있다고 생각할 만큼 미친 사람들이 결국 세상을 바꾸는 사람들이다.

③ 매일 최후처럼 살면, 언젠가 당신은 가장 옳은 사람이 될 것이다.

④ 우리가 이룬 것만큼, 이루지 못한 것도 자랑스럽습니다.

⑤ 다르게 생각하라.

⑥ 늘 굶주리고 엉뚱하게 생각하라.

⑦ 혁신이 선구자와 모방자를 구분한다.

⑧ 항상 갈구하라, 바보짓을 두려워하지 말라.

⑨ 혁신은 리더와 그렇지 않은 사람들을 구분하는 기준이다.

⑩ 위대한 목수는 아무도 보지 않는다고 해서 장롱 뒤에 질이 나쁜 목재를 사용하지 않는다.

4. 스티브 잡스의 죽음을 통해 본 기업가정신

건강의 악화로 인해 2004년에 췌장암 수술도 받았다. 그러나 그의 건강이 회복되지 않았고 계속 악화된다는 이야기가 나오던 가운데 애플 측은 주가하락 등을 이유로 건강이상설을 부인해왔다. 그러나 2009년 6월 간 이식 수술을 받은 것으로 드러났으며, 호르몬 이상으로 체중 또한 지속해서 줄어 2009년부터 호르몬 치료도 받은 것으로 알려졌다.

2011년 1월에는 잡스의 건강이 다시 악화되어 병가를 냈다. 췌장암 악화로 인한 6주 시한부설이 사실이 아니냐는 목소리가 나오기도 했다. 그러던 중 2011년 3월, 아이패드 2를 발표하기 위해서 잡스가 모습을 나타냈다. 잡스는 언론에 보도된 것보다는 건강한 모습을 보여 경영에 문제가 없음을 과시했으나, 이후 다시 병세가 급속히 악화되어 같은 해 8월 애플 CEO직을 사임, 췌장암 투병 끝에 결국 2011년 10월 5일 향년 56세로 세상을 떠났다.

1) 스티브 잡스의 사망을 알린 애플 공식성명

"애플은 명확한 비전과 창의성을 지닌 천재를 잃었습니다. 그리고 세계는 정말 놀라웠던 한 사람을 잃었습니다. 스티브와 함께 일하는 행운을 누렸던 저희는 사랑하는 친구이자 늘 영감을 주는 멘토였던 그를 잃었습니다. 이제 스티브는 오직 그만이 만들 수 있었던 회사를 남기고 떠났으며, 그의 정신은 애플의 근간이 되어 영원히 남을 것입니다."

"함께 내일을 만들어 나가자. 과거에 연연하지 말고."
- 스티브 잡스 -

2) 아무도 죽기를 원하지 않는다. 그래도 죽음은 우리 모두의 숙명이다. 아무도 피할 수 없다. 왜냐하면 삶이 만든 최고의 발명품이 죽음이기 때문이다.

30년의 Apple 역사를 2분 만에 둘러보는 박물관
(The Apple Museum – 30 years in 2 minutes)

Steve Jobs Stanford Commencement Speech 2005
(스탠포드대학 졸업식 연설)

"여러분의 시간은 한정되어 있습니다.
그러므로 다른 사람의 삶을 사느라 허비하지 마십시오.
다른 사람들이 생각한 함정에 빠지지 마십시오."

생각노트

느낀점·나의 성공 아이템·아이디어 노트·성공을 위한 나의 노력

아산 정주영의 기업가정신

"이봐! 임자, 해봤나?"

Chung Ju-yung
정주영

I. 약 력

1915.11.25. 강원도 통천군 송전면 아산리 부친 정봉식, 모친 한성실의 6남 1녀 중 장남으로 출생.

1930.3. 송전소학교 졸업.

1933. 인천부두와 보성전문학교 교사 신축공사장 막노동.

1934. 서울 쌀가게 복흥상회에 고용.

1938. 신당동에 경일상회 시작.

1939. 변중석과 결혼(8남 1녀).

1940. 서울 아현동에서 아도서비스 자동차 정비공장 설립. 3년 후 일인(日人) 들에게 빼앗김.

1946.4. 서울 중구 초동에 현대자동차공업사 설립.

1947.5.25. 현대토건사 설립.

1950. 부산 피난 때 미8군 발주사업 수주.

1953.4. 낙동강 고령교 복구공사 수주.

1957.~8. 한강 인도교 복구공사 성공적 완수.

1960. 현대건설이 국내 최대 건설사가 됨.

1964. 단양 시멘트 공장 준공.

1965. 태국 파타니나라티왓(Pattani- Narathiwat)고속도로공사 수주.

1967. 소양강댐 공사 착수와 현대자동 차 설립.

1968.~70. 경부고속도로 건설.

1971.2. 현대그룹 회장에 취임.

1972. 현대조선소 기공.

1974. 26만 톤급 대형 유조선 2척 건 조.

1976.	현대자동차 '포니' 출시.
1977.2.	전국경제인연합회 회장 피선.
1983.2.	현대전자 출범.
1984.2.25.	서산 간척사업 a지구 물막이 공사에 유조선 활용한 정주영 공법 탄생.
1985.	말레이시아에 아시아 최장인 페낭대교 건설.
1992.3.	정계 입문, 통일국민당 창당 및 국회의원 당선.
1992.12.	제14대 대통령선거에서 낙선(김영삼 대통령 당선).

1995.3.	고려대학교 명예철학박사 학위 취득.
1995.5.	미국 존스 홉킨스대학교에서 명예 인문학박사 학위 취득.
1996.1.3.	정몽구 현대그룹 회장 취임.
1997.6.	소떼(통일소) 방북.
2001.3.21.	'왕자의 난' 경영권 승계 분쟁 발생. 현대그룹은 현대, 현대자동차, 현대중공업 셋으로 계열 분리.
2001.3.21.	폐렴으로 인한 급성 호흡부전증으로 사망. 향년 85세.

Ⅱ. 기업가정신과 위기관리

1. 정주영의 자서전 속에서 나타난 기업가정신

'요만큼'이나 '이만큼'이나 '요 정도', '이 정도'는 내게 있을 수 없었다.

'더 하려야 더 할 게 없는, 마지막의 마지막까지 다하는 최선' 이것이 내 인생을 엮어온 나의 기본이다.

나는 어떤 일을 시작하든 '반드시 된다'는 확신 90%에 '되게 할 수 있다'는 자신감 10%로 완벽한 100%를 채우지, 안 될 수도 있다는 회의나 불안은 단 1%도 끼워 넣지 않는다.

"임자, 해보기는 해봤나?"

이런 글귀들이 들어 있다. 명예회장 정주영의 마인드가 있어 현대그룹이 이렇게까지 성장한 것 같다. 현재 현대그룹 회장인 현정은 회장의 감성경영이 특히나 관심이 가게 된다. 어떠한 대기업 속에서도 찾아 볼 수 없었던 감성경영…. 여성의 부드러움과 감성적인 스타일의 경영이 한편으로는 기대가 되며, 현대그룹의 또 다른 성장이 한국에 어떤 크나큰 영향을 가져올까라는 기대 또한 든다.

2. 기업가정신

(1) 정주영 회장의 신념

1) 근면, 검소, 절약, 저축 등
근검절약의 제1인자
구두 한 켤레를 10년 신고, 헤진 양복바지를 10년 입음
전차 값 5전을 아끼려고 걸어서 출퇴근
마른 수건도 비틀어 짜면 또 쓸 수 있다는 정신

2) 인간 존중과 사원들의 자기실현, 사회 복지 최우선 정신

3) 고객 최우선 정신으로 고객 만족을 극대화

(2) 현대의 경영이념

'꿈과 희망을 향한 도전과 창조적 예지로 내일을 창조한다.'

(3) 현대의 기업정신

1) **창조적 예시:** 미래 지향적 사고로 고객 및 사회가 원하는 바에 부응, 항상 새롭고 신선함을 추구하는 지혜 정신

2) **적극 의지:** 투철한 주인 의식, 능동적으로 대처하는 자세, 도전과 의욕의 정신

3) **강인한 추진력:** '하면 된다'는 정신, 개척정신, 목표달성의 노력, 성공을 위한 강인한 추진력과 정신적 배양의 체질화

(4) 현대의 로고

1) 심벌마크는 안정감을 느끼게 하는 두 개의 삼각형

2) 삼각형은 인류 건축을 대표하는 고대 이집트 '피라미드'를 상징

3) 황금색과 초록색은 새싹이 자라 녹음이 되듯 영원히 새롭게 번영한다는 의미

(5) 위기관리

1) 서산방조제

최종 물막이 공사가 마무리 단계에 접어들어 남은 구간이 260m가 되었을 때에는 10톤이 넘는 바위도 밀려나가는 초속 8.2m의 유속이 나타남. [Tetrapod: 가지(pod)가 4개인 콘크리트 구조물. 2톤, 20톤, 80톤으로 되어 있으며, 방파제 삼발이, 방파제 사발이, 방파제 돌이라고도 불리며, 파도를 막는 것이 가장 큰 목적이고, 파도를 막는다는 것은 파도의 크기를 줄인다는 것으로 결과적으로 파도의 습격으로 쓸려나가는 해안가 모래의 양을 줄여서 해안선 침식을 막아주는 역할을 한다.]

이때 고안된 공법이 세계토목사상 유래가 없는 VLCC(Very Large Crude-Oil Carrier, 대형유조선) 유조선 공법. VLCC 유조선 공법은 방조제 사이를 유조선으로 가로막고 유조선탱크에 바닷물을 넣어 바닥에 가라앉힌 다음 조수의 유입을 차단하여 방조제를 잇는 공법. 정주영회장이 고안한 공법이라 일명 정주영 공법이라고도 함. 1984년 2월 25일 현대건설은 울산에 정박중인 폐선되기 일보직전의 유조선을 끌고 와 현장에 투입시켜 이용하려 하였으나, 예상과 달리 유조선이 조류에 떠밀려 많은 어려움 겪음. 이곳 천수만은 아침저녁으로 간만의 차가 상당히 크고 저녁시간 밀물 때면 유속이 굉장히 빨라지므로, 현대건설은 수십 톤에 달하는 돌덩이를 유조선에 채워 넣음. 하지만 그런 노력에도 불구하고 유조선은 대책 없이 물에 휩쓸림. 수차례의 실패 끝에 유조선을 최대한 방조제 앞까지 접근시킨 다음 유조선 내 모든 탱크에 물을 채워 가라앉힘. 그 다음은 양쪽에서 돌을 퍼붓는 방식으로 빠른 조류를 차단시킴. 그리고는 재빠르게 흙과 돌을 퍼부어 드디어 8킬로에 달하는 AB지구 방조제를 모두 완공하는 대역사가 이루어짐. 천수만 AB지구 방조제는 82년도에 착공하여 공사 13년 만인 95년도에 완공됨. 공사 완공 후, 부남호라는 호수가 생겨남.

※ 그러나 2024년 4월 16일자 중앙일보에서는 〈수질 악화 '정주영 방조제' 허문다. …1134억 들여 '부남호 역간척'〉이라는 기사가 떴고, 수질 악화로 인해 정주영공법으로 완성된 방조제 일부를 개방하는 사업을 전개한다. 충남도는 방조제 건설로 조성된 담수호 수질을 개선하고 천수만 생태계를 복원하기 위해 부남호 역간척 사업을 추진한다고 한다.

2) 미군공사 독점
1952년 12월 전쟁중 아이젠하워 대통령의 방한 숙소를 운현궁으로 지정, 화장실과 난방시설을 15일밖에 남지 않은 시간을 12일 만에 완공시킴. 이어서 부산 UN군 묘역 단장공사를 따냄. 묘역에 푸른 잔디밭을 만들어내야 함. 트럭 30대에 낙동강 유역의 파란 보리를 묘역에 옮겨 심었다. 미8군의 신임을 얻게 되었고, 이로써 1953년 4월 낙동강 고령교 복구공사 수주함. 1953년 7월 전쟁 휴전으로 자잿값과 노임이 천정부지로 상승, 총 계약 공사비 5.57만 환으로 공사기간 24개월로 시작한 공사가 7,000만 환의 적자를 봄. 정주영은 "사업은 망해도 괜찮다. 다시 일으켜 세우면 되니까. 하지만 신용을 잃으면 사업은 그것으로 끝이다"라며 신용을 중시했다.

① 45세: 정주영의 폭넓은 교분, 신의, 성실한 인간관계, 동생의 미군측 인맥으로 공사 수준도 급속히 성장

② 혁신적 경영활동: 실패의 학습과정을 통하여 이룩함. 공부가 된 학습과정을 통한 경영기법의 창출

③ 대표적 사례: 낙동강 고령교 복구공사의 시련을 통한 신뢰를 쌓음. 그 후 한강 인도교 복구공사를 수주하고 훌륭히 완수하여 대통령 표창을 받음. 미군공사의 철저하고, 엄격한 품질감독 검사는 현대의 시공능력을 높이는 결정적 계기

3) 경부고속도로 공사

1967년 4월 소양강다목적댐 공사에 착수하여 1973년 완성. 그 해 전국경제인연합회 부회장 피선. 동년 12월 29일 "현대자동차주식회사" 설립.

1968년 2월 경부고속도로 착공.

1970년 6월 27일 세계고속도로 사상 가장 빠른 공기로 경부고속도로 전 공정 5분의 2를 현대건설이 완공. 그 해 11월 경부고속도로 건설공사 공로로 '대한민국 동탑산업 훈장' 수여. 경부고속도로 건설공사에서 정주영 회장의 3가지 성공법칙 만들어냄.

① 경부고속도로 견적 공사비를 단 20일 만에 산출.

② 당재터널공사(충북 목천군 동이면 당재터널공사; 여러 가지 암반 맥이 형성되어 있는 잡석층이라서 단단하지 못하여 터널을 뚫어 놓으면 무너져 내림에 9명의 인부를 잃었으

나, 이명박의 제안으로 고가의 조강시멘트로 공사를 마무리함)를 막대한 손해를 보면서도 오직 사업보국주의 정신으로 완성.

③ 경부고속도로 공사현장에서는 작업과 관련된 인력, 장비, 차량이 최우선되어야 한다는 법칙 '공사현장에서는 노동자가 대통령이다.'

4) 해외건설공사 본격 진출

① 1961년 정주영은 창사 14년 만에 사옥 완공. 1962년 7월 단양 시멘트 공장을 착공하고, 12월 건설에 대한 공로로 대통령 표창장을 받으며 사업에 대한 열정을 보임.

② 1965년 9월 30일 한국 역사상 최초로 해외 진출인 태국의 고속도로 공사 맡게 됨. 1966년 본격적으로 월남에 진출하여 캄란 메콩 준설공사 착공. 그 후 태국에서 6건의 고속도로 공사와 1건의 매립공사 시행.

〈오스트리아, 인도네시아, 중동 등지로 정주영이 해외 진출을 적극화한 이유〉

4.19와 5.16 등 역동의 세월 속에서 정부와 유착하여 공사를 따낸다는 비난을 받고 충격으로 해외 진출을 적극화하였고, 당시에는 기술 축적이 빈약한 상황에서 정부의 큰 공사는 대기업에 지명 입찰 혹은 수의계약으로 공사를 하게 되어 정주영은 태국, 월남, 동남아 등 해외로 진출하게 되었다고 기술. 확대하여 자본을 축적해 갔으며 우리나라에서도 해외공사로 가장 큰 건설업체로 성장.

5) 조선소 건립

'오백 원짜리 지폐 한장'으로 영국 버클레이즈 은행으로부터 차관 성사, 그리스 선박왕 오나시스의 조카와 유조선 2척 계약, 우리 돈으로 14억을 수표로 받아 한국

은행에 입금시킨 사례는 이미 널리 알려진 사실이나 이곳에서 그의 추진력을 소개한다.

정주영 회장은 당시 영국 유명 조선기술회사인 A&P애플도어사의 롱바톰(Long Bottom) 회장에게 조선소건설지원금을 차관으로 성사시키고자 하였다. 그러나 롱바톰회장은 아직 선주도 나타나지 않고 한국의 상환능력과 잠재력도 믿을 수 없어 자금지원이 곤란하다고 거절했다.

그 때 정주영 회장에게 번뜩 떠오른 아이디어가 하나 있었다. 거북선이 그려진 500원짜리 화폐를 생각하게 되었다. 그는 그 지폐를 책상에 내놓고, "이것이 우리의 거북선이요, 영국의 조선건조 역사는 서기 1800년경이라고 알고 있는데, 우리는 벌써 1500년경에 이런 철갑선을 만들어 일본을 혼낸 민족이요, 우리가 당신네보다 300년 앞선 조선 역사가 있었소. 다만 그 후 대원군의 쇄국정책으로 산업화가 늦어져 국민의 능력과 아이디어가 녹슬었을 뿐 우리의 잠재력은 그대로 있소." 롱바톰 회장은 머리를 끄덕이며 긍정을 표시했다. 결국 롱바톰 회장의 도움으로 현대 선박건조가 가능하다는 결론을 내렸다는 것이다. 그러나 롱바톰 회장의 추천서에도 불구하고 버클레이즈 은행에서는 현대가 배를 만들어 본 경험이 없다는 이유로 거절하자 정주영 회장은 다시 꾸준히 설득하여 버클레이즈 은행은 주한 영국대사관을 통해 우리나라의 대한조선공사에 조회를 요구하며, "한국의 현대"가 30만톤급 배를 건조할 능력이 되느냐는 질의를 해와 이에 대한조선공사는 '불가능하다'란 답변을 보냄. 이에 정주영 회장은 불가능하다고 생각하는 곳에 물어 보면 당연히 불가능하다고 할 것이나, 나는 가능하다고 생각하여 서류를 제출한 것이다. 서류를 다시 한 번 검토해 달라고 하였다. 이에 버클레이즈 은행은 차관지원을 약속했으나 외국에 차관을 주려면 영국수출신용보증국(ECGD)의 보증을 받아야 했다. ECGD 총재는 "당신네 배를 살 사람이 있다는 확실한 증명을 내놓지 않으면 차관을 승인할 수 없다."고 하자, 전 세계에서 배를 가장 싸게 만들어 줄 수 있는 곳을 찾는다는 그리스의 리바노스 2세와 유조선 2척 계약을 맺음. 이로써 4500만불(국내 예산의 50%)이라는 엄청난 차관이 국내로 들어오게 되었고, 세계 조선 역사상 유례가 없는 조선소와 배를 동시에 건조하는 신화를 창조하게 되었다. 그의 이런 능력은 선박 건조사의 기록을 남기게 되었고, 1975년 4월에 현대미포조선 주식회사를 설립하였으며 동년 5월에 경희대학교에서 명예공학박사 학위를 수여받았다.

6) 중동 건설

1975년 여름 어느날 정주영 회장은 박정희 대통령으로부터 중동건설이 가능한가 타진해 보라는 연락을 받음. 다른 기업가들은 모두 중동건설 진출이 불가하다고 함. 이유는 너무 덥기 때문에 작업을 할 수 없다는 것이고, 자재 운송이 어렵기 때문에 못한다는 것이었다. 그러나 정주영 회장은 박정희 대통령으로부터 이 말을 듣자마자 바로 중동으로 날아가 직접 타진을 해 보았다. 5일에 걸쳐 중동을 시찰해 보고 돌아와 박정희 대통령에게 다음과 같이 말하였다. 단도직입적으로 중동건설이 가능하다는 것이었다. 그 이유는 **첫째**로, 중동은 이 세상에서 건설공사하기 제일 좋은 곳입니다. 1년 12달 비가 오지 않으니 1년 내내 공사를 할 수 있습니다. **둘째**, 건설에 필요한 모래와 자갈이 현장에 있으니 자재 조달이 쉽다는 것입니다. **셋째**, 물은 어디에서 실어오면 되는 것입니다. **넷째**, 더위는 천막을 치고 낮에는 자고 밤에 일을 하면 됩니다라고 박정희 대통령에게 보고를 했다. 이에 박정희 대통령은 현대건설이 중동건설에 진출하는 모든 것을 도와주라는 명령을 내림. 이후 세계가 놀랐고, 현대건설은 중동 특수를 누려 보잉 747로 달러를 가득 실어서 한국으로 들어왔다.

7) 소떼 방북 사건

1998년 6월 83세의 정주영은 서산의 농장에서 잘 키운 한우 3000마리 중 500마리를 트럭에 싣고 방북했다. 정주영은 판문점에서 도보로 군사분계선을 넘었다. 군사분계선을 넘은 첫 민간인이 되었다. CNN은 전 세계에 그 장면을 송출했고, 문명비평가 기 소르망은 정주영의 소떼 방북을 '20세기 최후의 전위예술'이라고 불렀다. 정주영은 기자회견에서, "이번 방북이 개인의 고향 방문이 아니라 남북한 사이에 화해와 평화를 이루는 초석이 되기를 바란다"고 말했다.

이후 1998년 10월에 다시 소 501마리를 북으로 보냈다. 총 1001마리가 북으로 갔다. 정주영이 어린 시절 고향에서 가출할 때 집에서 소를 판 돈 70원을 가지고 나왔던 데 대한 갚음이었다. 원금이 한 마리, 이자가 1천 마리다.

정주영은 2차 소떼 방북 때 김정일 위원장을 만났다. 김정일 위원장은 평양의 백화원초대소를 깜짝 방문하기도 했다. 2차 방북 직후 첫 금강산 관광 크루즈선 '금강호'가 출항했다. 1999년 2월 현대그룹은 금강산 관광 등 대북사업을 전담할 회사를 ㈜아산이라는 이름을 설립했다가 나중에 현대아산으로 개명했다. 금강산관광은 2003년 개성공단 건설로 이어졌다. 그러나 어렵게 시작했던 금강산 관광은 2008년 7월 11일 오전 4시 50분경 조선민주주의인민공화국 금강산 관광지구에서 53세의 대한민국 국적의 박왕자씨가 조선인민군에 의해 피살된 관광객 피격사건 후 중단되었다. 개성공단도 2013년 폐쇄 후 재가동하다가 2016년 2월에 북한의 핵 개발을 이유로 종국적으로 가동이 중단되었다. 2001년 3월 아산 정주영 회장이 사망했을 때 김정일 위원장은 '정주영 선생의 유가족들에게'라고 시작하는 조의문을 내고 "나는 북남 사이의 화해와 협력, 민족대단결과 통일애국 사업에 기여한 정주영 선생의 사망에 즈음하여 현대그룹과 고인의 유가족들에게 심심한 애도의 뜻을 표합니다"라고 밝혔다. 북한은 송호경 아태평화위 부위원장을 포함한 조문단도 파견했다.

평양에는 시내 류경호텔 옆 보통강변에 류경정주영체육관이 있다. 2003년 10월 6일 개관했다. 북한이 이례적으로 남측 인사의 이름을 체육관에 붙인 것은 아산의 북한에 대한 애국사업의 공로를 인정했기 때문이다. 현대는 설계 · 기술 · 자재, 북측은 노동력과 시공 · 골재 등을 각각 제공해서 건립되었다.

김화진, 『아산 정주영 레거시』, 서울대학교출판문화원, 2021, 248~250쪽.

생각노트

느낀점·나의 성공 아이템·아이디어 노트·성공을 위한 나의 노력

생각노트
느낀점·나의 성공 아이템·아이디어 노트·성공을 위한 나의 노력

대산 신용호의 기업가정신

"사람은 책을 만들고 책은 사람을 만든다"

Shin Yong-Ho
신용호

Ⅰ. 약 력

1917.8.	전남 영암에서 출생. 전북 군산에서 '민주문화사' 출판사 설립, 외상 책값 회수 안 되자 바로 해체.
1958.8.	교보생명보험(주) 창립 대표이사 사장.
1964.1.	한국생명보험협회 협회장.
1967.5.	교보생명보험(주) 이사회 회장.
1979.11.	교보부동산관리주식회사 (현 교보리얼코) 설립.
1980.12.	교보문고 설립.
1987.6.	인재양성 산실[계성원] 건립 개원.
1988.7.	교보투자자문주식회사(현 교보악사자산운용주식회사) 설립.
1991.10.	대산농촌문화재단(현 대산농촌재단) 설립.
1992.12.	대산문화재단 설립.
1997.4.	교보생명교육문화재단(현 교보교육재단) 창립
2003.9.	향년 86세 서거

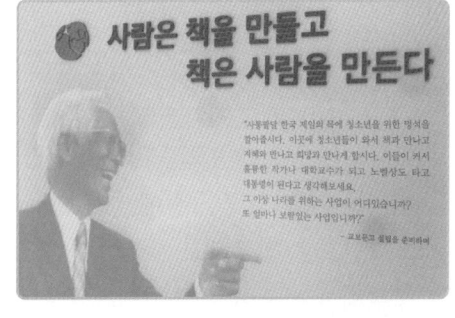

교보 로고
"생명과 삶의 소중함"을 함축적으로 상징하는 전래 고유의 곡옥을 기본모티브로 하여 새싹, 새, 열매 등 생명과 삶의 이미지를 형상화한다.

Ⅱ. 대산 신용호 선생의 애국지사에서 기업가로의 일생(기업가 정신)

대산家는 사대부 집안으로 영암에서 대대로 거주해 온 집안이며, 부친은 한학자이자 애국지사였다.

신용호의 맏형 신용국은 영암의 항일농민운동의 주동자이며, 독립운동가였으며, 셋째 형도 독립운동가로서 일본 동경에서 항일 학생운동에 가담했다. 이런 연유로 대산家는 항일가족으로 지목되어 일제의 감시와 탄압을 받았다.

어려운 역경과 시련 속에서도 신용호는 유달리 향학열이 강하였지만, 항일가족이란 낙인으로 정규학교 진학이 뜻대로 되지 않았다. 오로지 독학으로 한학과 서학을 공부해야 했으며 이후 점진적으로 상당한 실력을 쌓게 되었다. 그러나 신용호는 이에 만족하지 않고 더욱 넓은 세계를 공부하기 위해 약관의 나이에 서울을 거쳐 중국대륙으로 건너가게 되었다. 만학(晚學)으로나마 학문을 마음껏 닦고, 장차 더 높이 웅비할 수 있는 실력을 가꾸어 훗날 조국을 위해 봉사하고자 중국대륙행을 결심하였다.

신용호는 대련에서의 학업을 중단하고 애국지사인 신갑범(愼甲範), 이육사(李陸史) 두 지사를 따라 북경으로 갔으며, 신용호가 그토록 갈망하였던 중국의 화북대학, 북경대학에 합격하면서도 진학계획마저 포기하였다. 이미 조국광복이라는 민족공동의 목표 앞에 면학에만 몸담고 있을 수 없다는 실천적 가치관이 있었기 때문이다. 미곡 장사를 통해 남은 이윤은 독립운동 자금이 되었고, 이렇게 직·간접적으로 독립운동을 지원하던 신용호는 1944년 투철한 민족관과 인생관을 깨우치게 한 두 지사가 일제에 피검, 투옥 후 무참히 학살당하는 현실을 보면서 한동안 허탈감에 고통을 받기도 하였지만, 신용호 역시 경황없는 피신의 길을 헤매야 했다. 그러다가 마침내 북경에서 8·15광복을 맞이했다.

그러나 신용호 앞에는 경제, 사회의 대혼란과 심각한 국민 생활의 빈곤과 방황과 갈등, 불안과 실의만이 가득 차 있었다. 조국의 현실은 암담 그 자체였다. 신용호는 조국에 헌신할 수 있는 무엇인가를 찾기에 노력하였고, 한때 출판사업과 제철사업에도 노력을 기울였으나 하늘은 기회를 주질 않았다. 그러나 신용호는 이에 좌절하지 않고 더욱 큰 뜻을 세우고 전국의 도시와 농촌을 돌면서 현실 직시와 지혜를 집중한 결과 부존자원이 없는 우리 조국이 나아갈 길은 오로지 인력을 자원화하는 즉, 교육입국만이 유일한 대안임을 깨닫게 되었다. 아울러 조국의 경제 재건을 위해서는 민족자본을 형성하는 일 또한 시급한 과제임을 통감하였다. 더구나 한국동란으로 강토가 파괴되고 생활이 더욱 피폐해짐에 따라 신용호는 이 두 가지 과제 즉, 국민교육진흥과 민족자본 형성이 필생 해결해야 할 과업임을 확신하고 나름대로 사업구상에 몰두하였다.

교육사업과 저축사업의 결합, 신용호는 수년간 자료수집과 집중 연구를 통해 '교육보험'을 창안하게 되었다. 이는 세계 최초로 보험의 새로운 영역을 개척한 신용호의 집념의 결실이었다.

그러나 교육보험사업이 개화되기까지는 또 다른 난관이 있었다.

정부 당국은 선진국에 없는 보험이라 하여 인가를 내주지 않았고, 교육보험이라는 명칭을 사명(社名)에 사용할 수 없다는 이유로 회사설립을 허락하지 않았다. 그러나 신용호는 이에 굴하지 않고 선진국에 없으니 반드시 우리가 해야 한다고 수차례에 걸쳐 정부 당국을 설득하여, 불혹의 나이가 된 1958년 대한교육보험회사(현 교보생명)가 창립하게 되었다.

이는 대산선생이 필생의 과업으로 삼은 국민교육진흥과 민족자본형성의 이념을 구현하는 출발점으로, 어린 시절 일제강점과 청년 시절 한국동란의 뼈저린 체험을 통해 신념화된 조국애의 발로였다.

교보생명을 통해 1958년 세계 최초로 출시된 교육보험상품은 전답과 농우를 팔아서라도, 빚을 얻어서라도 어떻게 하든 자녀교육만큼은 시켜야 한다는 높은 향학열과 맞물려 선풍적인 인기를 끌었고, 1960년대 후반 육군 단체보험을 전담하면서 교보생명은 사세가 급격히 확장되었다. 이후 국내 최초의 건강보험인 암보험 개발, 보험사의 재무 건전성인 책임준비금 최초 적립 등 명실공히 국내 선도자로서 역할을 충분히 하였다. 특히 신용호가 최초 회사개업식에서 약속했던 우리나라의 중심인 서울특별시 종로1가 1번지에 자사사옥을 가지게 됨으로써 교보생명을 반석 위에 우뚝 세웠다.

1987년 교보생명의 연수원인 계성원(啓性院)을 개원하면서 신용호는 보험사업 외길 30여 년을 통해 터득한 경륜과 경영철학을 집대성한 '새 경영'을 발표하였다. 새 경영은 신용호의 기업교육관을 담고 있는데, 상하의 위계질서와 균형을 유지하기 위한 상하 간의 상호교육과 전 조직원의 창조적 자기개발을 주 내용으로 하고 있는데, 이는 피터 드러커(Peter F. Drucker)의 회사공동체이론보다 앞선 것으로 평가받고 있다.

신용호의 보험 외길 인생은 사계에 널리 알려져 신용호에게 커다란 영예를 안겼다. 보험의 노벨상으로 일컬어지는 세계보험협회(IIS)의 '세계보험대상' 수상, 세계보험 명예의 전당(Insurance Hall of Fame)의 헌당, 이 두 가지를 다 얻은 보험인은 세계 전체를 통틀어 몇 안 되는 명실공히 세계가 인정한 보험의 대스승(Mentor)이 되었다. 특히 이를 기념하여 세계보험협회가 '신용호 보험학술상'을 제정하여 매년 세계의 보험산업 발전에 기여한 사람을 선정, 시상하게 된 것은 길이 후대에 이어질 크나큰 영예라 할 수 있다.

신용호는 공익이나 국익을 목적으로 기업 경영을 해왔다. 사회공익재단 등을 설립하여 기업이윤의 사회환원을 몸소 실천해 왔다.

어린 시절 모친이 손에 쥐여준 링컨전기의 책이 신용호의 인생을 깨우치게 했던 것처럼, 신용호는 미래 우리 조국의 동량이 될 청소년에게 책을 통해 꿈을 꾸고, 그 꿈을 이룰 수 있도록 하기 위해 주위의 반대를 무릅쓰고 1980년 12월 책과의 만남의 공간인 '교보문고'를 설립했다.

민족문화창달과 독서인구의 저변확대를 통하여 국민정신 문화향상에 적극 기여하고자 설립된 교보문고는 국민교육진흥의 구체적인 구현의 예로 세계최대규모의 순수 독서문화 공간이다. 교보문고는 매년 적자 운영되고 있으나, 신용호의 뜻에 따라 오늘도 가정과 학교와 사회를 연결하는 평생교육의 장으로서 그 자리를 굳건히 지키고 있다. 또한, 교보문고를 통해 하버드대(美), 동경대(日), 셰필드대(英), 파리대(佛), 튜빙겐대(獨), 북경대(中) 기타 등등 9개국 유수대학 및 연구기관에 1,500여 종 225,000여 권에 달하는 한국학 도서를 기증하기도 했다.

농군의 아들이었던 신용호는 농부가 밭에서 일할 때 이마에 흐르는 진한 황토색 땀을 가장 좋아했으며, 농촌문제에 남다른 관심이 많았으므로, 1991년에 '대산농촌문화재단'을 설립했다.

한국농촌의 경쟁력 강화와 선진국형 복지농촌 전환에 지원코자 설립된 재단은 농업 관련 교수, 연구원, 교사 및 농민에게 연구비를 직접 지원하고, 농민과 농과대학생을 대상으로 해외 선진 농업국 연수를 시행하고 있으며, 첨단 농업기술 개발 혁신, 농업연구소 개선, 농촌교육문화 창달에 기여하는 개인이나 단체를 발굴 시상하고, 각종 농업 관련 세미나, 심포지엄을 개최 지원하는 등 적극적으로 관련 사업을 실시하고 있다.

생전에 한국인 노벨문학상 수상을 누구보다도 염원하였던 신용호는 한국문화의 세계화를 목표로 1992년 국내 유일의 순수 민간 문학재단인 '대산재단'을 설립했다.

내적으로는 창작 문예 신인의 적극 발굴 지원을 통해 한국문학의 질적 향상을 꾀하고, 외적으로는 한국문학을 널리 세계에 알려 민족문화의 우수성을 선양하고자 하는 대산재단은 장르별 가장 뛰어난 작품을 발표한 문인과 번역인을 선발하여 포상하는 국내 최고의 문학상 시상과 역량 있는 창작 문예 신인을 발굴하여 창작에 전념할 수 있는 건전한 창작 풍토를 조성함은 물론 우리 문학작품의 번역지원을 통해 한국문학의 영역을 확대하고, 외국에서의 한국학 연구장려와 한국문화에 대한 공감대 확산에 노력하는 한국문학연구인에 대한 지원과 심포지엄, 세미나, 강연회 등을 개최, 한국학 전공학자 및 문인 간의 상호교류와 정보교환의 장을 마련하고 있다.

신용호의 사회문화사업 모두는 교육입국의 실천 요체인 인재양성으로 귀결된다. 인재양성만이 조국 근대화 및 선진화의 첩경임을 꿰뚫어 본 혜안, 그 혜안이 오늘의 큰 숲을 만든 것이다.

1998년 신용호는 '금관문화훈장'을 수훈하였다. 어린 시절 일제강점과 청년 시절 한국동란의 뼈저린 체험을 통해 신념화된 조국애의 발로였다.

Ⅲ. 대산 신용호 선생의 교훈과 기업가정신

1. "남 의식 말고 할 일 해나가라"

스위스의 부르크도르프의 빈민가에 정오가 되면 한 노신사가 나타나 아이들이 활기차게 노는 것을 흐뭇하게 바라보곤 했다. 노신사는 이따금 길거리에서 무엇인가를 주워 호주머니에 집어넣기도 했다. 그것을 수상히 여긴 동네사람의 신고로 경관이 그를 미행하다 현장을 덮쳤다. 몸수색을 한 경관은 그의 주머니에서 유리조각을 끄집어냈는데, 노신사는 노는 아이들이 하나같이 맨발이라 다칠까 싶어 유리조각을 주웠다고 했다. 알고 보니 그 노신사는 페스탈로치였다.

우연의 일치인지 생각이나 철학이 같아서인지 대산은 사무실이나 로비 구내를 돌아다니다 바닥에 떨어진 휴지조각을 줍곤 했는데, 대산을 몰랐던 사람은 웬 앙상한 노인의 행위에 의심을 갖기도 했다. 빗자루가 던져져 있거나 의자가 제자리에 바르게 있지 않아도 이를 치우고 지나가는 대산이었다. 교육효과를 노린 것이 아니라 그의 천성 때문이었다.

1924년 런던부호인 보수당 정치가 그랜트는 지하철을 타보기로 했다.

혼잡한 차 안에 들자 가죽 끈을 붙들고 흔들거리며 서 있는 육순에 가까운 노인이 보였다. 그 얼굴이 노동당 당수요, 대영제국의 국무총리인 맥도널드와 너무나 흡사했다. 설마 하니 지하철을 탔겠냐 싶었지만 너무도 닮았기에 그랜트는 아는 체를 해보기로 했다. "차가 있을 텐데 이렇게 늦게 지하철을 타십니까?" 설마 했던 노인은 반갑게 인사를 건네며 "예, 차는 있지요. 하지만 그 차는 관청의 차이니까요"라고 대답했다. 맥도널드임이 분명해지자 그랜트는 "당신은 대영제국의 총리로 중대한 일을 맡고 계십니다. 차로 안락하게 귀가하는 것도 나라를 위하는 일일 겁니다"라고 말을 이었다. 그러자 맥도널드는 "그렇겠죠. 하지만 나쁜 일은 안락한 데에서 잉태되기 마련이지요"라고 답했다. 이에 감동한 보수당 당수 그랜트는 정치적으로 지지하지 않았지만 맥도널드에게 한 대의 고급자가용을 선물했다고 한다. 자신의 계급이나 위상이나 신분, 명예에 응분의 사회적 처신이 있게 마련이고 사람들은 그에 너무 집착하여 보신에 골몰한다. 대영제국을 지탱하는 노동당과 보수당 양 당수가 지하철 내에서 만났다는 것은 이 사회의 제약을 초월했음을 의미한다.

자고로 큰일을 할 사람은 남의 눈이나 사회 통념에 그 의지를 구속받거나 손상 받지 않는다.

신용호는 창업 때나 정상에 오른 후에도 버스 등 대중교통을 이용하는 데 스스럼이 없었으니 두 당수의 초월에 비길 만했다. 대산은 소신이나 의지가 굳을수록 남의 눈살이 많아지고 거세어지지만, 그것은 하는 일에 자신이 확고할수록 바위에 쏜 화살과 같다고 했다.

2. "보험은 믿음을 주는 수단이다"

진(秦)나라 재상이 된 상앙(商鞅)은 부국강병을 내걸고 법치국가를 지향했다. 당시 진나라는 기마민족의 관습으로 부모 형제가 동거했는데, 이를 분리하여 소가족 화하고 상벌을 분명히 하여 법을 위반하면 태자든 왕족이든 용서하지 않았으며, 유목민을 농공상인으로 정착시킨다는 파격적인 정책을 펴 나갔다. 수천 년 내려온 관습인지라 상앙의 법 시행을 믿는 백성이 거의 없었고 상앙은 고민에 빠지고 말았다. 이내 상앙은 성의 동문에 나무를 많이 세워두고 이 나무를 서문까지 옮기면 백금의 상을 주겠다고 고시한다. 나무를 옮긴 자에게 실제로 백금을 주어 나라가 하는 일에 믿음을 사려했던 것이다.

'동목서이(東木西移)'의 역사적 사례는 우리나라에도 있었다.

갑오개혁을 전후하여 매일같이 근대화의 법 개정이 공포되자 백성들은 그것이 무엇이든 간에 믿을 수가 없었다. 정책 수행이 거의 마비될 처지에 이르자 나라는 진나라 상앙 시대의 동목서이를 상기하여 서대문 문전에 통나무를 쌓았다. 그리고 통나무를 동대문까지 옮긴 자에게 십 금씩을 준다고 공고하고 실제로 옮긴 자에게 돈을 지급하여 나라가 하는 일에 믿음을 얻으려 했다.

신용호도 동목서이라는 해프닝을 해서라도 고객들에게 믿음을 주라고 강조했다. 물론 보험은 고객의 이해와 맞물려 들고나고 하는 것이지만 그보다 믿음을 주는 일이 선행되어야 한다며 대산은 영업체계와 보험금 지급체계 등 모두를 믿음 위에 재구축할 것을 주문했다. 뿐만 아니라 교보인은 반드시 약속을 지킨다는 인식을 심어줘야 한다며 되뇌었다.

3. "한번 고객은 영원한 식구다"

고객은 보험의 필요에 의해 맺어진 인연이지만 그 필요에 응해주는 것으로 끝나는 관계여서는 안 된다는 것이 대산의 고객관계 관리이다. 곧 보험외적관계를 유도해 보험 이외의 이야기도 주고받고 도움을 주며 의뢰하는 그런 관계 고리를 이어나가야 한다는 뜻이다.

옛날 일용품을 지게에 지고 팔러 다녔던 무시로 장수는 전국적인 판매조직을 갖고 단골구역만을 돌아다녔는데, 물건을 팔러 방문할 때 그 집의 애경사를 미리 알고 환자가 있는지 우환이 있는지 여부를 미리 알아 그것을 가슴으로 접하는 것이 관례였다. 또한 어려운 일이 있는 집에서 값을 치르려 하면 다음 추수 때로 미뤄주고 외상을 자청했다. 그것이 눈으로 보고 귀로 듣고 가슴으로 느끼는 상술이었다.

신용호는 보험영업이 무턱대고 상품을 사도록 감언이설을 늘어놓는 것이 아니라 오히려 그 집 사정을 잘 알아 마땅한 상품이 없고 딴 회사상품으로 마땅한 것이 있으면 그 상품을 소개해 줌으로써 '한번 고객은 영원한 식구'라는 의식을 주는 것이라고 가르쳤다. 제 부모형제에게 마땅치 않은 약이나 물품을 제 상품이라 하여 권하는 사람이 있을 수 없듯이, 보험영업도 고객을 항상 한솥밥 먹는 제 식구로 인식하고 대할 때라야 신용이 발생하게 된다.

1858년 미국 최초의 백화점으로 문을 연 메이시(Macy) 백화점이 굴지의 판매망을 짧은 시간 내 구축한 데에도 이 같은 가슴으로의 장사가 체질화되어 있었기 때문이다. 메이시 백화점의 성장은 손님을 자신의 아버지나 오빠, 동생처럼 여기고 그 상품을 팔거나 팔지 않았던 상술이 적중한 결과였다. 당장에는 팔리지 않기에 매출상 마이너스가 될지는 모르지만 신용축적이라는 차원에서는 엄청난 예비매상을 올린 것이다.

유태인이 세상의 돈을 끌어 모은 것은 셰익스피어의 〈베니스의 상인〉에서처럼 인색해서가 아니라 바로 그 신용 때문이다. 신용호는 그러한 정신을 갈파하고 영업에 도입하였다.

4. "농사짓는 요령으로 일하면 된다."

우리 옛날 시골에서는 예닐곱 살만 되면 논 한쪽 구석 댓 평 남짓한 '내 논'을 떼어주는 전통이 있었다. 내 소유인 '내 논'은 미래의 농사꾼에게 좋은 농사교육장이 된다. '내 논'에는 논을 갈고 못자리를 만들며 볍씨를 뿌리고 모를 심는 일에서 물대기, 피살이, 김매기, 새보기, 벼베기에 이르기까지 모두 자기 손으로 해야 한다. 물론 농사짓는 실무보다 일하면서 고통을 참는 내력을 기르는 것이 주안점이다.

이를테면 이편저편 논둑을 세 번 오갈 때까지 허리를 못 펴게 했고 만약 허리를 펴면 그 자리에서 다리를 걸어 진흙탕에 쓰러뜨렸다. 이렇게 해서 가꾼 '내 논'의 햅쌀로 밥을 지으면 그 감격은 대단했다.

같은 농사라도 남의 집 농사가 아닌 내 농사짓듯 하면 진심으로 다하게 되고 일도 수월해진다는 것이 신용호가 말하는 일하는 요령이다.

5. "높이 보고 멀리 보고 넓게 보고 깊이 보자"

신용호는 타조와 독수리에 빗대어 지도자형 인간을 이야기하곤 했다.

타조는 지상에서 가장 잘 달리는 새라며 실무에 유능한 사람에 비유할 수 있는데, 제 앞에 벼랑이 있어 추락할 위험이 있는지를 모르며 옆을 안 보고 달리는데다가 뒤 돌아보지도 않으니 지혜롭다고 할 수 없다. 이에 비해 독수리는 높이 떠 조감하므로 시야가 넓어 멀리까지 보고 뒤를 보아 앞으로 가는 길이 뚜렷한 사람이다. 다만 독수 리형은 인간은 땅으로부터 떠 있어서 실무적이지 못하다는 흠이 있다.

둘 다 장단점은 있으나 신용호는 지도자형으로 독수리형을 요구했다. 매사에 한 치 눈앞만 보지 말고 높이 보고 멀리 보고 넓게 보고 깊이 보라는 생각에서였다.

우리 조상들은 대대로 땅에 의지해 살아왔다. 객지에 나가 벼슬을 하더라도 그 벼 슬이 끝나면 고향에 돌아왔다. 극소수의 소금 장수나 새우젓 장수만이 이동성 생활 을 했을 뿐 거의가 한 동네에 대를 이어 붙박이로 살아온 정착성 민족이다. 이러한 특성으로 남달리 뛰어나거나 남이 하지 않는 일을 하거나 눈에 나게 튀는 행위를 거 부한다. '높은 가지 바람 타며 솟아난 말뚝은 두들겨 박으라'는 속담은 바로 정착 사 회에서 현명하게 사는 가르침이다. 남 하는 대로 사는 평균인간을 가장 이상적으로 여기는 것이 정착 사회이다. 그래서 색다르면 소외 받는 것이 한국 사회였다. 남이 놀 때 같이 놀지 않고 일을 하거나, 남이 잘 때 같이 자지 않으며 글을 읽거나, 남이 일할 때 같이 일하지 않고 보다 많이 보다 빨리 일하면 따돌림을 받는다.

신용호는 이 정착사회의 행동 양태에 반기를 들었다. 그는 한국이 역사적으로 딴 나라에 앞서지 못하고 항상 뒤처지는 이유도 정착사회의 평균인간지향임을 예로 들 었다. 그것을 타파하는 것이 개인이나 기업이나 나라를 부강케 하는 첩경임을 강조 했다.

6. "자기개발을 생활화하라"

신용호는 어느 누구에게나 남다른 재능이나 가능성이 있다고 확신했다. 그 가능 성은 나이가 들어 물정을 알면서 드러나기도 하고 책을 읽다가 지각되기도 하는데,

인생체험을 통해 지속적으로 터득된다는 공통점이 있다. 신용호는 훌륭한 리더십이란 아랫사람의 가능성을 발견하고 그 재능을 펴나갈 수 있도록 여건을 만들어주는 일이라고 강조했다. 또 자기발견을 항상 게을리하지 말고 일단 발견된 가능성은 개발하도록 가르쳤다.

신용호가 공사간에 자기발견, 자기개발을 입버릇처럼 말한 이유는 인생을 살찌우고 존재가치를 확인하는 좋은 방편임을 체험으로 깨달았기 때문이다.

7. 인성 교육의 산실 – 계성원(啓性院)

啓 열릴 (계)   • 슬기와 지능을 열어줌
性 성품, 성질 (성)   • 사람이 타고난 성질, 만물이 가지고 있는 본바탕

계성원(啓性院)은 사물의 이치를 스스로 깨우쳐 터득케 하여 마음의 근본을 새롭게 함으로써 경영의 근본이 되는 새로운 인재양성의 산실임을 뜻함.

높이, 멀리, 넓게, 깊이 보며 보험의 외길을 걸어왔습니다.

1970년대 후반 사세의 비약적인 성장과 함께 1980년대 후반에 닥쳐올 시대 상황과 생명보험 산업의 대변혁을 예견한 결과, 체계적이고 과학적인 인력양성을 위해 연수공간의 확보가 그 어느 때보다 절실한 상황. 이에 회사는 기존의 연수원 개념을 초월한 독특한 연수 시설, 즉 21세기를 이끌어 갈 인력양성의 도장이자, 정신 공간 가치화 센터로서 계성원을 1987년 6월 1일 개원.

생각노트
느낀점·나의 성공 아이템·아이디어 노트·성공을 위한 나의 노력

잭 웰치와 기업가정신

"운명을 스스로 정하지 않으면 남이 정하게 된다"
"끝없는 도전과 용기"(잭 웰치 자서전의 서명)

Jack Welch

JACK WELCH

I. 약력

1935.11.19. 매사추세츠주 피바디에서 세일럼의 철도 기관사였던 존 웰치와 그레이스 웰치 사이에서 출생. 원명은 존 프랜시스 웰치 2세(John Francis Welch Jr.). 잭 웰치의 유년 시절 아버지와 어머니의 영향은 상당했다. 당시 철도 검표원 일을 하던 아버지는 자기 일에 최선을 다하는 모습을 아들인 잭 웰치에게 보여주었다. 새벽 5시에 출근하여 하루 종일 열차의 통로를 오가며 승객들의 표를 검사했고, 날씨가 좋은 날이든 좋지 않은 날이든 항상 작업을 미리 준비했다. 잭 웰치가 9살이 되던 해에 아버지는 "일을 해야만 돈을 벌 수 있다"라는 교육을 시켰기에 골프장 캐디 일을 하여 3달러의 돈을 벌었으며, 골프도 자연스럽게 배웠다. 아르바이트를 통해 노동의 신성함과 골프를 통한 경쟁을 체득하였던 것 같다. 또 아버지가 건넨 신문 뭉치들을 정리하면서 자연히 잭 웰치는 신문을 읽는 것과 신문을 통해 정보를 수집하는 능력을 길렀다.

* 실패: 실패라는 말은 더 성공에 다가왔다는 뜻이다.

* 포기: 배추를 셀 때만 쓰는 용어

더 큰 역할을 담당한 것은 어머니라고 잭 웰치도 스스로 말하고 있다. 어머니인 그레이스 웰치는 "바라는 무엇이든 최선의 노력을 한다면 해낼 수 있다. 만약 실패하더라도 다시 도전하면 반드시 성공할 수 있다"라고 가르쳤다. 어렸을 때 잭 웰치는 말을 잘하지 못하고 더듬거렸다. 말을 더듬는 탓에 참치 샌드위치를 제대로 주문하지 못하고 자책하던 잭 웰치에게 "너는 너무 똑똑해서 그런거야. 머리에서 나온 똑똑한 생각을 입이 바로 따라오지 못해서 그렇다"라고 말한 일화는 유명하다. 훗날 잭 웰치는 자신의 경영신념 중 많은 것은 어머니에게서 배워온 것이라고 말한 바 있다. 잭 웰치가 고교생 때 하키팀의 주장 시절의 일화도 그레이스 웰치의 교육을 잘 말해주고 있다. 잭 웰치가 연패를 이어가던 팀이 마지막 게임에서 승리하기 위해 노력하던 차에 팀원이 사소한 실수로 결국 역전패를 당했다. 그는 경기장 위에 하키스틱을 내던지며 라커룸으로 돌아갔고, 그의 어머니인 그레이스 웰치가 다가와 멱

살을 잡고 흔들면서, "이 바보 같은 녀석아, 패한 것을 받아들이지 못하면 앞으로 넌 무엇을 하든지 결코 이길 수 없다. 더 이상 경기할 자격조차 없어"라고 야단쳤다. 이는 현실을 정면으로 맞서면 얼마든지 다시 해낼 수 있다는 점을 알려주려던 것이다.

1957.   매사추세츠 대학교 애머스트 캠퍼스 졸업.

1960.   일리노이 대학교 어배너-샴페인(University of Illinois at Urbana-Champaign, UIUC)에서 화학공학박사 학위 취득. 제너럴 일렉트릭(GE)사에 엔지니어로 입사.

| 제너럴 일렉트릭(GE) |

- **발명왕 에디슨의 창업회사**: 1878년 에디슨이 "에디슨 일렉트릭 라이트사"를 창업한 것이 최초이며, 그 후 "에디슨 제너럴 일렉트릭사"로 개명되었고, 1892년에 톰슨-휴스턴 일렉트릭사와 합병해 오늘날의 "제너럴 일렉트릭사"를 탄생시킴.
- **GE의 탁월한 점**: 우수한 최고경영자를 보유하고 있는 역사가 유구한 기업, 위험을 자초하지 않는 기업, 단순하고 상식적인 기업문화를 갖춘 기업.
  리처드 파스칼은 "다른 기업들에 비해 GE가 탁월한 점은 우수한 최고경영자를 선택하는 데서 비롯된 것이다"라고 말함.
- **GE의 사업영역**: 항공기엔진, 가전, 금융서비스, 산업시스템, 정보서비스, 조명, 의료시스템, 방송, 플라스틱, 발전시스템, 수송시스템.

1963.   잭 웰치 책임하의 공장 실험실에서 폭발사고 발생. 잭 웰치는 진상조사위원회에 사건에 대한 변명보다는 사업이 계속 추진되길 바란다며, 위원을 설득. 그의 말을 듣던 찰리 리드(Charlie Reed)는 "차라리 잘 됐다. 나중에 대량생산 중 문제가 발생되면 더 큰 일이었을 것이다. 실험할 때 이런 문제를 미리 알 수 있어 차라리 잘 됐다. 연구자들 누구 하나 다치지 않아 다행이다"라고 격려했고, 이에 자신감을 얻은 잭 웰치는 연구를 재개해 그의 팀은 노릴(Noryl: 탁월한 저수분 흡수성으로 인한 전

기절연성 및 치수안정성으로 전기자동차 부품, 절연재, 통신 부품 등으로 많이 사용됨. 비정형성 열가소성 플라스틱이 온도가 올라감에 따라 강도가 저하되는 경향이 있지만 Noryl은 경도, 충격강도, 치수안정을 잘 유지하며, 무게도 가볍다는 특징이 있다)이라는 합성물질을 개발하는 데 성공했다. 플라스틱 사업부의 지속적인 성장을 이끈 공로를 인정받아 1968년에는 본부장으로 승진하게 되고 이를 계기로 1975년에는 차기 최고경영자 7인 후보 중의 한 명이 되었다.

1968.	제너럴 일렉트릭 최연소 플라스틱 사업본부장 취임(33세). 제너럴 일렉트릭 상무로 승진.
1972.	제너럴 일렉트릭 부사장 승진.
1979.	제너럴 일렉트릭 부회장 취임.
1981.	제너럴 일렉트릭 역사상 최연소 회장 겸 최고 경영자 취임. 회장 취임 후 과감히 개편. 11개 사업 중심: 가전(Appliance), 산업설비(Industrial Systems), 조명(Lighting), 발전설비(Power Systems), 운송(Transportation Systems), 항공기 엔진(Aircraft Engines), 의료기기(Medical Sysems), 플라스틱(Plastics), 금융(Capital), 정보 서비스(Information Service), 방송(Broadcasting) 등으로 주력 사업을 압축. 5년간 11만 명 이상의 직원이 GE를 떠남. 매체로부터 "중성자탄 잭(Neutron Jack)"이라는 별명을 얻게 됨. 1등 혹은 2등 전략 구사. 핵심(Core), 첨단기술(High Tech), 서비스(Service)가 미래라는 청사진 제시. 17년간의 노력을 통해 엄청난 성공 거둠.
1985.	NBC방송국 인수.
1998.	17년간의 노력 결과 매출액 1,000억달러(순수익 100억달러).
1999.	〈포춘〉 잡지의 "20세기 최고의 경영자"로 선정.
2000.	GE 매출액 1,300억달러(순수익 127억달러) 달성. 이중 40% 이상이 미국이 아닌 해외에서 발생.
2020.3.1.	뉴욕 맨해튼 자택에서 사망. 향년 85세.

Ⅱ. 잭 웰치의 4대 경영전략

1. 세계화(Globalization) 전략

1) 세계화: 세계 시장에 제품과 서비스를 판매하여 이윤을 증대시키기 위한 노력, 회사의 모든 활동은 세계적인 경쟁력을 확보하는 것
2) GE의 세계화란 세계에서 인재를 찾아내고 그 인재들에게 투자하는 것, 세계 시장을 겨냥, 세계의 인재들이 기획하고 고품질의 제품 제조 및 서비스를 제공함이 목표. 1960년대 초반 GE에는 플라스틱 사업과 의료기기 사업 두 가지만 존재. '미스터 글로벌'로 불리던 국제담당 수석 부사장 파울로를 중심으로 영국, 헝가리, 프랑스, 이탈리아, 인도 등 세계 곳곳의 국영 기업을 인수해서 활기찬 조직, 높은 수익을 올리는 회사로 탈바꿈시킴

2. 서비스(Service) 전략

1) 제트엔진, 터빈, 의료기기 및 기관차 등의 부품을 교체하고, 정밀검사 및 제품 수리를 하는 등의 전형적인 의미의 서비스에서 출발
2) 이미 판매한 제품이나 설비 등에 대해서도 기술 및 서비스를 계속해서 제공함으로써 각 사업의 수행을 좀 더 원활하도록 하는 것
3) 사업부의 투자는 좀 더 넓고 중요한 의미로 확대. 고객대비 서비스는 고객의 생산성 향상과 수익성을 증대

3. 6시그마(Six Sigma) 전략

6시그마: 최고 품질의 제품을 만들고 완벽한 품질을 유지하는 것을 의미
GE는 6시그마에 대한 노력의 결과로 수십억달러의 순수익이라는 성공을 거둠
6시그마를 사용하여 품질혁신과 고객만족을 달성하고자 하는 업무프로세스 혁신전략이 목표
 * 시그마란 σ로 표기되며, 통계학의 표준편차를 의미하는 것이다. 6시그마는 정규 분포에서 평균을 중심으로 양품(良品, 질이 좋은 물품)의 수를 6배의 표준편차 이내에서 생산할 수 있는 공정의 능력을 정량화한 것이다. 즉, 6시그마는

제품 100만 개당 3.4ppm으로 99.9997%의 수율을 의미하는 것으로 100만 개당 3개 이하의 결함을 목표로 하는 것으로 거의 무결점 수준의 품질을 추구하고 있다. 일반회사에서는 제품 100만 개당 35,000개의 불량품이 나오는 것으로 이는 100개당 97개 정도가 정상품으로 생산되는 것을 말하며, 이는 3시그마 내지는 4시그마에 해당된다. 이러한 정도는 매주 5000건 정도의 수술이 잘못 이루어지는 것이고, 시간당 2만 개 정도의 편지가 분실되고, 일년 동안 수십만 건에 달하는 무수한 처방전이 잘못 작성되는 것과 같은 이치이다.

잭 웰치, 『끝없는 도전과 용기』, 464쪽 참조.

(1) 6시그마 방법론

Define (정의)	Measure (측정)	Analyze (분석)	Improve (개선)	Control (관리)
고객 요구사항 파악과 프로젝트 목표, 정의	Y의 현 수준 파악과 잠재원인 변수 X's의 발굴	수집된 데이터를 근거로 문제의 근본원인인 핵심인자 X's 확인	최적의 프로세스 개선안과 문제의 해결책 도출	개선 결과의 문서화와 유지 계획 수립

(2) 6시그마 실행방안

1) 생산 현장 관리자: 불량품을 줄이고 설비 결함 개선, 생산성 향상

2) 인사 담당 관리자: 직원 채용 주기 단축

3) 판매 담당 관리자: 판매가격 변동 예측으로 새로운 가격 정책 채택

4) 잠재력이 높은 인재들을 훈련시키는 방법에도 변화를 가져옴

5) 6시그마 품질 프로젝트의 결과를 평가하는 재무분석가 양성

6) 적절한 보상 체계 도입: 보너스의 60%는 재무성과로, 40%는 6시그마 운동 결과를 바탕으로 지급

(3) 성 과

1) 총매출액의 15% 절감(매년 100억달러 정도의 원가 절감)

2) 제조업뿐만 아니라 서비스업에도 일괄적용(고객의 입장에서 고객을 위한 경영철학 제시)

3) 신속성과 정확성 확보(생산제조 및 배송까지의 시간 단축)

4. 전자상거래(e-business) 전략

1) 인터넷을 통해 사고(buy), 만들고(make), 파는(sale) 세 가지 가능성 발견

2) E-Business를 통해 GE를 혁신하고 재창조할 수 있다

3) 전자상거래는 인터넷의 확산으로 지금까지의 어떤 전략보다도 더 큰 기회를 부여하게 될 혁명이다

4) GE 역시 전자상거래를 통해 협력업체, 파트너 그리고 고객들과의 거래를 급속히 변화, 발전시켜 나가야 한다

5) 잭 웰치는 또 "전자상거래는 변화를 사랑하고 경쟁적 우위를 얻기 위해 빠르게 대처하는 GE와 같은 회사를 위하여 만들어진 것"이라고 언급하고 있다.

6) E-Business 전략

① 인터넷을 통한 무한한 가능성 발견-물건을 구매(buy)하고, 만들고(Make), 팔고(sale) 하는 기능을 발견한다.

② GE는 인터넷의 e-business를 통해 혁신되고, 재창조될 수 있다고 확신한다.

③ 인터넷을 통해 GE의 사업을 성장시켜라.

④ 시장을 확대시키고 새로운 고객을 찾기 위한 기회로 삼는다.

⑤ GE 기존 사업기반+e-business는 엄청난 시너지 효과를 발휘한다.

⑥ 기반을 충분히 닦아놓은 회사가 e-business를 도입할 때 더 큰 승산이 있다고 판단한다.

Ⅲ. 잭 웰치의 기업가정신

1. 인재제일주의

1) 사람들과 지속적으로 대화를 나누어라

2) 고립을 피하라: 인간애와 친화력에 큰 비중을 두어라

3) 현재뿐 아니라 미래를 위해 직원의 능력을 계발하라

4) 경영권 승계를 준비하라

① 인재 영입에 대한 적극적인 투자

② 타 기업과의 차별화 전략

③ 4E를 기준으로 인재 A, B, C 평가

4E란 활력(Energy), 동기부여(Energize), 결단력(Edge), 실행력(Excute), 여기에 열정(Passion)을 바탕으로 해야 한다고 강조

상위 20% 그룹을 A단계(급료인상, 스톡옵션, 승진)

중위 70% 그룹을 B단계

하위 10% 그룹을 C단계(퇴사 조치)

2. 최고지향주의

1) 성공을 위한 명확한 지표를 설정해야 한다

2) 누구라도 쉽게 이해할 수 있는 명확한 지표를 제시하라

3) 결단력을 가져라

3. 혁신주의

1) 사람들의 열정을 자극하라

2) 당신 자신의 일을 파악하라

3) 변화시켜라

4. 서비스 제일주의

1) 서비스부문 사업의 개발

2) 복합적 유통경로의 구축

3) 고객 관련 지식의 계발과 축적

4) 6시그마의 시작

5. 학습주의 – '크론트빌'(Crontville, GE의 간부 양성 스쿨)

1) 경영사관학교 크론트빌(GE가 인재양성 프로그램을 통해 인재를 계발하는 데 드는 시간은 약 15년이라고 함)

* 크론트빌의 설립목적은 최고의 지도자 발굴과 양성의 필요성 제기로 인해 기

업 문화유산을 지켜 나가기 위해 훈련과 교육에 대한 투자, 새로운 문제에 대한 도전 및 지식 정보를 교환하기 위해 설립되었다.

* 선정 방법은 20:60:20의 인사평가방법 활용(현재 업무능력&미래성장능력으로 파악)

상위그룹 20%는 현재 업무 추진능력이 뛰어나고 장래성이 있음 → GE를 이끌어나갈 인재

하위그룹 20%는 현재와 미래 업무 능력이 모두 떨어짐

나머지 60%는 현재를 유지하는 바탕그룹

* 리더십개발센터(Leadership Development Center, LDC): "변화와 개혁을 이끌 리더 양성"

* GE 특유의 인사조직평가 세션(Session) C에서 '가능성이 있다'라고 판별된 인물만이 대상자로 선정됨.

* 과정: 경영자들 대상으로 하는 EDC(Excutive Development Course)는 1년에 1번 진행

임원들 대상으로 하는 BMC(Business Management Course)는 1년에 3번 진행

중간관리(이사, 부장)대상으로 하는 MDC(Management Development Course) 1년에 4번 진행

* 크론트빌 입교 대상자로 선발 자체가 리더의 기본적 자질을 인정받은 징표

2) 교육 내용은 현장 학습에 추진되는 프로젝트 학습(실제 사업과 관련된 이슈를 공부하고 토론함). 강의를 통한 잭 웰치의 경영이념 인식(워크아웃, 6시그마, 벽 없는 조직)

3) 토론과 강의를 통한 새로운 경영 문화의 탄생

4) 아이디어가 존중되는 문화 확충, 변화에 유연하게 대응할 수 있는 조직의 변화 유도

5) 우리나라의 많은 기업이 크론트빌 교육 활용

6. 반 관료주의

1) 부서와 기능 간의 벽을 없애자

2) 조직모델의 특징적 요소−벽 없는 조직 만들기 전략: 잭 웰치의 경영에서 중

요한 특징 중의 하나. 여러 부서들의 자유로운 의사소통을 가로막는 어떠한 장애물도 존재하지 않는 조직. 조직으로부터의 장벽 제거 및 관료적인 측면을 제거.

벽을 만드는 임원은 해고, 구성원의 아이디어 존중, 핵심적인 아이디어가 실행되고 발전될 수 있는 환경 구축, 모든 계층간의 정보 공유.

벽 없는 조직의 실천으로 나타나는 성과는 시장 변화에 대한 적극적이고 즉각적인 대응 가능, 유연하고 탄력성 있는 열린 기업문화 창조, 사원들의 뜻이 경영에 신속하게 반영, 부서의 벽을 넘어 장벽이 없는 신속하고 효율적인 팀워크 구축.

7. 단순경영주의

1) 단순하고 어수룩하게: 경영은 거창한 과학이 아니다
2) 세계 최고의 구멍가게: 경영을 복잡하게 생각지 말라
3) 현금을 주시하라: 현금흐름 경영을 하라
4) 성과 측정치를 단순화하라

8. 고쳐라, 폐쇄하라 아니면 매각하라 – 매각으로 새로운 성장을 불러일으켜라

잭 웰치의 경영전략이 가장 잘 나타난 곳이 바로 NBC이다. '고쳐라, 폐쇄하라, 아니면 매각하라'는 밥 라이트의 설득과 신속하고 현명한 일련의 전략으로 NBC를 고쳐보기로 결심했다. 그 결과 1996년 NBC의 70년 역사상 가장 수익을 많이 낸 한 해가 되었다.

NBC는 National Broadcasting Company로 1926년 RCA(Radio Corporation of America)가 설립한 미국에서 가장 오래된 방송국. 1986년 제너럴 일렉트릭이 인수했다가 2013년에 완전히 손을 뗌. 현재는 컴패스트 산하 NBC유니버설 소유의 방송사

9. 학습하는 문화를 만들라 – 다양성의 회사운영의 필수

10. 작은 기업처럼 효율적이고 민첩하라 – 대기업과 소기업의 장점을 지닐 수

있다

11. 벽을 허물어라 - 사업의 방해가 되는 장애물 제거

12. 모든 직원의 두뇌를 활용하라

Ⅳ. 잭 웰치의 리더십

1. 변화를 받아들이고 변화를 두려워하지 마라

2. 관리자가 되지 말고 리더가 되라

리더란 우리가 하고 있는 것을 어떻게 더 잘할 수 있을지 분명한 그림을 가지고 영감을 불어넣는 사람

3. 당신의 비전을 공유하는 관리자를 키워라

관리자는 자아를 숨기고 무리에서 튀지 않으며, 회사 전체 이익을 위해 일할 수 있는 관리자를 원한다.

4. 현실을 직시하고 과감하게 행동하라

평생직장은 보장되지 않는다는 현실 직시. 거대한 관료체제화의 사업운영은 비효율적. 사업은 아주 단순하다는 현실을 바로 보라.

5. 간결하고 일관성 있게 메시지를 꾸준히 전달하라

일관성을 유지하고 팔로우업하는 데 가장 중요한 것은 동일하고 진지한 메시지를 모든 사람에게 전달하는 것

6. 1등 아니면 2등이 되라 - 그렇지만 시장범위를 축소하여 정하지 마라

시장에서 선두가 아니면 두 번째가 누릴 수 있는 경쟁우위를 인식하고 그 경쟁우

위를 확보해야 한다.

7. 잭 웰치 비밀병기 '여비서 바도스키'

1) GE를 세계 최대 기업으로 만드는 데에 있어 웰치 회장의 비서 바도스키의 헌신적인 보좌가 있었다.

2) **로잔 바도스키**: 세이크리드 하트 대학(코네티컷주 소재) 2년 과정을 마친 후, 1975년 GE입사, 10여 년에 걸쳐 모교의 야간대학에서 경영학 학사 취득. 1988년 웰치가 회장이 된 지 8년 후 로잔을 만남. 로잔은 14년간 웰치의 비서로서 회의 시작 전 웰치의 눈빛만으로도 회의가 짧아질지, 길어질지 판단하고 다음 일정을 미리 준비. 바도스키의 가장 중요한 업무는 '모든 내용을 웰치가 30초 안에 파악할 수 있도록 미리 준비하는 것', '움직이는 사무실을 구현했던 것.' 로잔은 7시 30분 출근, 저녁 9시 퇴근, 주말도 따로 없음. 연봉은 10만 달러가 넘을 것으로 추산. 빌 게이츠로부터 온 메일도 로잔 바도스키가 먼저 읽음. 웰치의 집도 구매해 줄 정도. 은퇴 후 경영 컨설턴트를 시작한 웰치는 로잔 바도스키를 개인비서로 재고용. 웰치는 "바도스키는 내 오른팔이자 왼팔"이라고 평가.

Ⅴ. 잭 웰치의 위기와 대응

1. 관료주의

승진을 위한 무수히 많은 12단계(공무원 체계인용)와 2만 5천여 명의 관리자가 존재, 아이디어 부재의 유명무실한 전략회의, 목표설정 불확실 → 폐지

2. 현장의 불신

대다수 근로자들의 본사 간부에 대한 불신. 표면적으로는 불만을 감추고 있으나, 내적으로는 불만이 가득함 → 해결

3. 엘펀(Electronic fund, 전기펀드)의 보이지 않는 벽(사무관리직과 노동자들과의 벽 존재) → 뮤추얼 펀드(mutual fund, 상호펀드라고도 함)로서 사무관리직을 위한 일종의

네트워크

※ 뮤추얼 펀드란 다수가 자금을 모아 거대한 자금을 형성하여 뮤추얼 펀드의 자본금으로 납입하여 운용회사에서 운용. 투자자는 수익자인 동시에 주주가 되므로 투자자는 회사의 운영 및 투자 정책에 의결권을 가진다.

4. 경제성 없는 사업부 → 과감히 폐쇄

VI. 잭 웰치의 위기 극복 해법

1. GE 회장 취임 후 14명의 고위층 임원을 자신의 편으로 흡수(고위층의 합의체 성격을 띤 경영위원회 창설)

2. 엘펀의 변화를 통한 각 계층 간의 벽 철폐

3. 1등 아니면 2등 전략: 회생 가망성이 없는 기업은 과감히 매각, 성장 가능성 있는 기업은 매수. 성장 가능 사업에 선택과 집중으로 적극적인 투자를 통한 일류로의 도약

4. 3개 과제(고쳐라, 폐쇄하라, 매각하라)

  1) 서비스산업(금융서비스, 정보서비스, 건설 및 엔지니어링, 원자력)
  2) 하이테크 산업(신소재, 산업설비, 항공우주, 의료기기, 항공기 엔진)
  3) 핵심산업(주요가전, 조명기기, 운송설비, 모터, 컨트렉터 장비)

VII. 잭 웰치 GE 전회장의 10가지 성공 비결
(『잭 웰치 성공에 감춰진 10가지 비밀』중에서)

1. 사람에게 투자하라

가장 소중한 것은 당신과 일하는 사람들이며 그들의 능력을 개발하면서 함께 일

해 나갈 수 있는 자질이다.

2. 시장을 지배하지 못하면 차라리 물러나라

망설임은 시간과 돈을 낭비할 뿐이다. 만약 선두에 설 수 없다면 당장 포기하고 다른 일을 알아보아야 한다.

3 현실에 안주하지 마라

한곳에 머무르지 않고 끊임없이 변화함으로써 목표에 보다 가까이 다가설 수 있다.

4. 서비스를 지향하라

잭 웰치 전 회장은 서비스 개념을 도입해 GE를 제조업체 겸 서비스업체로 변모시켰다.

5. 과거는 버리고 미래를 준비하라

GE는 정보기술(IT)이든 인터넷이든 새로운 것은 무엇이든 포용한다. 경영자는 미래를 지향하고 회사는 미래를 창조한다.

6. 학습하는 리더가 되라

끊임없이 학습하고 올바른 의사결정을 위해 노력하라. 실패를 통한 학습은 성공의 환희보다 훨씬 중요하다.

7. 독불장군은 곤란하다

잭 웰치 전회장은 사람들과의 의사소통을 중시한다. 그는 늘 솔직하며 있는 그대로를 말한다.

8. 관료주의를 타파하라

잭 웰치 전회장은 입사 후부터 바로 GE를 떠날 결심을 했다. 그리고 최고 경영자에 오른 직후 관료제와의 전면전에 돌입했다.

9. 인내심을 가져라

하나의 조직에만 머무르는 사람은 도태될 수 있다. 하지만 잭 웰치 전회장은 한 조직에 머무르면서 모든 것을 이뤄냈다.

10. 구멍가게를 경영하듯 하라

잭 웰치 전회장은 GE를 구멍가게처럼 경영한다. 막대사탕을 팔든, 원자력발전소를 팔든 그것이 중요한 것은 아니다.

생각노트
느낀점·나의 성공 아이템·아이디어 노트·성공을 위한 나의 노력

연암 구인회의 기업가정신

"남이 미처 안 하는 것을 선택하라. 국민생활에 없어서는 안 될 것부터 착수하라.
착수하면 과감히 밀고 나가라. 성공해도 거기서 머물지 말고 그보다 한 단계 높은 것,
한층 더 큰 것, 보다 어려운 것에 새롭게 도전하라"
"우리도 기업을 일으킴과 동시에 사회에 도움이 되는 일을 찾아야 한다."

Koo In-hwoi
구인회

I. 약 력

1907.8.27.	경상남도 진주군 지수면 승산리 출생.

1907.8.27.   경상남도 진주군 지수면 승산리 출생.

1920.   허만식의 딸 허을수와 혼인. 슬하에 구자경 등 6남 4녀 둠.

1921.   지수보통학교에서 구인회(지수초 1기) 수학. 지수보통(초등)학교는 이
병철, 허정구(GS, 지수초 4회 졸업), 조홍제(효성그룹)가 다녔던 학교.

1926.   중앙고등보통학교 수료. 지수협동조합 이사 취임.

1931.   진주에서 동생 구철회와 함께 구인회상점을 설립하여 포목상으로 사
업 시작. 허만정의 김해 허씨 집안과 동업.

1945.   조선흥업사(미 군정청에서 허가받은
무역업 1호 업체). 럭키크림(속칭 '동
동구리무') 생산

1947.1.5.   락희화학공업사 설립. 사돈인 허
만정 씨의 투자로 회사설립, 동업.
락희는 즐거운 '락', 기쁠 '희' 한자
에 영어로는 'Lucky'를 의미하며, 구정회의 아이디어로 상호로 채택.

1951.1.   조선알마이트공업사 인수.

1952.4.   동양전기화학공업사 설립. 락희화학, 부산 범일동 공장 준공.

8.   락희화학 국내 최초 사출성형기 도입. 락희화학, 〈오리엔탈〉 상표로
국내 최초의 플라스틱 빗과 비눗갑 생산.

1953.10.   동양전기화학공업사를 락희화학으로 통합.

11.   락희산업(주)(현 LG상사) 설립.

1955.9.   락희화학, 〈럭키치약〉과 〈Lucky〉로 상표 등록하고 치약 본격 생산, 판
매. 출시 3년 만에 미국제 콜게이트 치약을 물리치고 국내시장 석권.

1958.10.   금성사 창립. 라디오, 전화기, 선풍기, 에어컨, TV, 냉장고 등 대한
민국 최초 생산. 럭키사도 치약, 칫솔, 비누, 합성세제 등 한국 최초
생산.

1956.4.   락희산업, 반도상사주식회사로 상호 변경.

5.   락희화학공업사, 국내 최초 PVC 파이프 생산.

1958.10.   금성사(현 LG전자) 설립.

1959.11.   금성사, 〈GoldStar〉상표를 부착한 국
내 최초의 국산라디오 〈A-501〉생산.

1960.3.   금성사 국내 최초 트랜지스터 6석
라디오 생산. 금성사 국내 최초로
12인치 선풍기 생산.

1961.7.   금성사, 국내 최초로 자동전화기 생
산.

1962.5.   한국케이블공업(주)(현 LS산전) 창
립총회 개최.

1964.   국내 최초의 합성세제인 〈하이타
이〉 출시. 허만정의 4남이자 허준
구의 동생인 허신구가 태국 출장
도중 주민들이 흰색 가루를 빨래에
뿌려 물에 불리더니 하얗게 변하는
걸 보고 상품화를 회사에서 제안했
으나 반대가 심했다. 그
러나 허신구는 끝까지 밀
어붙여 결국 구인회의 승
낙을 받아냈고, 크게 성
공했다. 이는 세탁기의
보급과 함께 우리 의생활

에 새로운 문화가 자리잡는 계기를 불렀다.

1965.4.   금성사, 국산 냉장고 1호 생산.

1966.4.   락희유지공업, 국내 최초 합성세제 〈하이타이〉〈뉴히트〉 생산 판매.

1966.8.   금성사, 국내 최초로 19인치 흑백TV 생산

1967.5.   호남정유(주)(현 GS칼텍스) 창립총회, 설립 등기.

6.   금성사, 국내 최초의 FM/AM 라디오 생산.

1968.   회갑기념 진주에 연암도서관 설립.

1969.2.   금성사, 국내 최초 엘리베이터, 에스컬레이터 개발.

5.   금성사, 국내 최초로 세탁기 개발 생산.

12.   연암문화재단 창설.

1969.12.31. 뇌종양으로 사망.

1970.   금성사 (현 LG전자) 제2대 회장으로 구자경 취임.

1995.1.   럭키금성 그룹의 명칭을 LG그룹으로 바꿈.

| 회사명과 LG LOGO 심벌마크의 의미 |

세계, 미래, 젊음, 인간, 기술의 5가지 개념과
정서를 형상화하였습니다. L과 G를 둥근 원 속에
형상화하여 인간이 그룹 경영의 중심에 있음을
상징하고, 세계 어디서나 고객과 친밀한 유대 관
계로 고객 만족을 위해 최선을 다하는 LG인의 결의를 나타내고 있습니다.

LG 브랜드의 뿌리는 1947년 설립된 락희화학공업사에서 시작되었습니다. 구인회
창업회장은 당시 첫 국산 화장크림으로 만든 '럭키크림(Lucky Cream)'이 큰 성공을 거
둠에 따라 모든 사람에게 즐거움과 기쁨을 준다는 의미로 붙인 이 'Lucky' 단어를 음
차(音借)하여 회사 이름을 '락희(樂喜)'로 정했습니다. LG 최초의 제품 브랜드가 사명
(社名)이 된 것입니다.

이 '럭키' 브랜드는 이후 '럭키치약' 등 락희화학이 만들어내는 제품들의 대표 브랜
드 역할을 했으며, 락희화학이 명실상부한 화학회사로 성장해 나가는 교두보가 되
었습니다. 락희화학은 1974년 럭키로 상호를 변경했습니다.

LG 브랜드의 또 다른 한 축은 1958년 설립된 금성사에서 비롯됩니다. 금성사는 우
리나라 최초의 전자회사로 무수히 많은 최초의 전자제품을 개발해온 기업입니다.
락희화학과 금성사는 우리나라의 화학과 전자산업의 발전을 이끄는 대표기업으로

성장했습니다.

1960년대 말 이미 11개 회사의 규모를 갖추고 있던 럭키그룹은 1970~80년대를 거치면서 석유화학, 에너지, 반도체 등 첨단사업 분야와 건설, 증권, 유통, 보험 등 서비스산업 분야까지 사업영역이 크게 늘어났습니다. 럭키와 금성사 두 회사를 중심으로 각각 럭키계열, 금성계열의 회사들이 설립되었으며, 1983년에 이르러 그룹 명칭을 '럭키금성(Lucky Goldstar)'으로 변경하게 되었습니다.

1990년대에 접어들며 전 세계는 점차 개방화, 세계화, 정보화의 시대로 변화하고 있었습니다. 기존 'Lucky Goldstar'라는 긴 이름은 해외 소비자들이 쉽게 기억하기 어려웠습니다. 또한 급변하는 경영환경의 변화 속에서 기업 이미지를 통합해 강력하고 선명한 브랜드 아이덴티티의 확보가 필요한 시점이었습니다.

| 'LG CI'의 제정과 선포 |

LG의 CI 개정작업은 경영환경의 변화에 적극적으로 대응하고 그룹의 장기 비전을 공유하는 경영혁신 차원에서 시작되었습니다. 내부 임직원과 국내외 고객을 대상으로 한 그룹 이미지에 대한 의견조사를 통해 국내외의 명칭과 그룹-계열사의 명칭을 하나로 통일하는 방안을 결정하고, 그룹의 새로운 명칭으로 'LG'를 결정했습니다.

이어서 기존 럭키금성그룹의 이미지를 쇄신하고, 글로벌화에 맞춰 세계적인 브랜드 시스템을 구축할 수 있도록 CI를 전면 개정하기로 했습니다. 심벌마크와 로고타입으로 구성되는 'CI(Corporate Identity)'는 고객이 가장 많이 접하는 기업의 얼굴입니다. 이 때문에 디자인이나 미학적으로 고객의 시선을 끄는 힘이 있어야 함은 물론, 무엇보다 기업의 철학과 비전을 보여주어야 하며 기업의 긴 역사를 함축하고 미래를 보여줘야 합니다.

1995년 1월 1일 새해 아침, 각 가정에 배달된 아침 신문의 1면 하단에 처음 보는 생소한 마크가 있었습니다. 빨갛고 동그란 스마일 마크 같기도 하고, 붉게 홍조를 띤 사람이 윙크를 하는 것 같기도 한 도형 밑에는 "새해 복 많이 받으십시오"라는 한 줄의 신년 인사말만 적혀 있고 아무 내용도 없었습니다.

많은 사람들의 궁금증을 자아냈던 이 광고의 정체는 신정 연휴가 끝난 1월 4일에 풀렸습니다. '럭키금성이 LG로 바뀝니다'라는 제목의 전면광고가 각 신문에 일제히 실린 것입니다. LG가 고객에게 건넨 첫인사는 이렇게 시작되었습니다.

새 이름 'LG'와 함께 제정한 심벌마크 '미래의 얼굴'은 신라시대 유물인 얼굴무늬

수막새 기와에 담긴 '신라인의 얼굴 미소'에서 영감을 얻어 탄생되었습니다. '세계, 미래, 젊음, 인간, 기술' 등 다섯 가지의 개념과 정서를 형상화했고, 'L'과 'G'를 원 속에 형상화시켜 인간에 중심을 두고 있는 LG의 경영이념인 '고객을 위한 가치창조'와 '인간존중의 경영'을 표현했습니다. 하나의 눈은 목표지향성, 집중성, 미소를 의미하고, 비대칭의 우측 여백은 변화 적응성 및 창조성을 상징하는 의미를 담았습니다.

즉, '미래의 얼굴'은 LG의 얼굴로서 세계 최고를 지향하고 힘이 넘치는 젊음과 새로운 기술에 끊임없이 도전하는 노력을 표현하고 있으며, LG가 항상 마음속에 새기고 있는 '세계 고객'의 얼굴을 상징하는 것이기도 합니다. 또한 세계 어디에서나 고객과 친밀하게 대하며 고객만족을 위해 최선을 다한다는 LG인의 결의를 나타내기도 합니다.

1995. LG 그룹 분리 시작. 57년간 구씨와 허씨 간의 동업이 분리됨.

    LG그룹(구씨)(65% 지분): GS그룹(허씨)(35% 지분)

2019.12.14. 구자경 사망. LG가의 경영권 승계는 장자계승의 원칙을 고수하며, 현재까지 이어지고 있다(현 LG회장인 구광모는 1978년 희성그룹 구본능 회장의 장자로 태어났으나, 구본무 회장의 장자 구원모가 1994년에 교통사고로 사망하자, 구본무 회장의 양자로 입적. 대한민국 재계 4위 그룹의 후계자로 떠올랐고, 2018년 회장에 취임).

    원래의 상속 법정 비율은 김영식 여사 3.75%, 구광모 회장, 구연경, 구연수 각각 2.51%.

    구본무 회장 소유의 LG 11.28%의 주식 상속은 구광모 8.76%

                   구연경 2.01%

                   구연수 0.51%

    김영식 여사는 상속 받지 않고 상속 이전에 4.2% 지분을 갖고 있었다.

2023.2. 말 LG그룹 회장 구광모와 누이들의 재산 상속 분쟁이 일어남.

    만약 세 모녀의 주장대로 상속 재산을 법정 비율대로 다시 분할하게 되면 배우자 김 여사는 3.75%를, 나머지 세 자녀는 2.51%씩 상속하게 된다. 이렇게 되면 LG그룹 지주사인 ㈜LG 지분 구조에도 변화가 불가피하다.

2022년 9월 말 기준 구 회장의 ㈜LG 지분율은 15.95%지만, 세 모녀의 주장을 반영할 경우 최대주주 지위에는 변동이 없다고 해도 지분율이 9.7%에 그치게 된다.

반면 김 여사의 지분율은 기존 4.2%에서 7.95%로 뛰게 된다. 연경씨와 연수씨의 지분율도 각각 3.42%, 2.72%로 높아진다. 세 모녀의 지분율 합(14.09%)이 구 회장의 지분율을 넘어서게 되는 셈이다.

Ⅱ. 구인회 회장의 기업가정신

(1) 인화단결주의(人和精神)
(2) 도전과 개척 정신-"할 수 있다, 하면 반드시 된다"
(3) 인재중용주의 정신
(4) 기술혁신주의 정신
(5) 근검절약 정신
(6) 국민 생활 편의주의 정신

1. 인화단결주의: 人和團結

삼기론(패기(覇氣), 의기(義氣), 화기(和氣))에 근거를 둔 화기(和氣): 화기란 여러 구성원들이 서로 믿고, 이해하고, 아낄 때 이루어지는 분위기다. 직장에서 화기에 찬 분위기와 단결은 생산성을 향상시키고, 구성원이 보람을 갖게 하는 기본이 되고 있다.

2. 도전과 개척 정신

유교적 인습을 과감히 타파하고 당시 택하기 어려운 상업의 길로 투신하는 도전 정신.

락희의 창업과 화학공업, 전자공업의 새 지평을 여는 도전과 개척 정신, 기간산업의 개척 정신 등 명시.

3. 인재중용주의 정신-LG인재양성-인화원 설립

인재를 키워야 기업이 큰다는 신념을 철저히 갖고 있었기 때문에 인간존중이라
는 경영이념으로 기업가정신의 바탕을 형성케 하였다. 백년지계는 사람을 육성하는
일이다.

4. 기술혁신주의 정신

1) 창업부터 연구개발 시작
2) 연구개발과 기술혁신의 노력이 필요

5. 근검절약 정신-저축하면서 아끼는 것이 부자가 되는 방법

구인회는 구두쇠였다. 그의 구두쇠 철학은 유명하다. 근면하고 검소하며, 절약
하고 저축했다. 그러나 돈을 쓸 때는 허세부리지 않고, 낭비하지 않고 필요한 곳에
서슴없이 썼다.

6. 국민생활 편의주의 정신

구인회는 오직 국민 생활 향상과 경제부흥만이 국가의 활로임을 생각하고 생활
필수품 제조

"한 번 사귄 사람과 헤어지지 말고, 헤어지더라도 적이 되지 말라."

연암 구인회 LG그룹 창업회장 어록

▶ "남이 미처 안 하는 것을 선택하라.
국민생활에 없어선 안 될 것부터 착수하라"

▶ "일시적으로 팔 생각만 말라.
고객과의 꾸준한 관계만이 기업의 생명이다"

▶ "한 통을 팔더라도 좋은 물건 팔아서
신용 쌓는 일이 더 중요하다"

▶ "기업인의 공과라는 것은
벌어놓은 돈의 무게로써가 아니라
사회에 대한 기여도로 결정되는 것이다"

▶ "돈을 버는 게 기업의 속성이라 하지만
물고기가 물을 떠나서 살 수 없듯
기업이 몸담고 있는 사회의 복리를 먼저 생각하라"

Ⅲ. 상남 구자경의 기업가정신

1. 정도경영 정신

    이 기업경영원리는 불교사상에 유래하였는바, 비윤리적이고 부패적 요소를 제거하는 훌륭한 기업경영이념인 것이다.
    1) 인간 존중의 경영
    2) 자율경영 중시
    3) 약속을 지키는 경영
    4) 경영헌장의 준수
    5) 자기혁신의 경영

2. 도전과 혁신주의 정신

    1) 도전정신
    2) 혁신주의 경영이념 실현

3. 인간존중주의 정신

    1) 직속 상사 중심의 인재 육성
    2) 능력과 업적에 의한 대우
    3) 장기적인 관점에서의 인재 육성
    4) 이 모든 것이 바탕이 되는 정신으로 사람에 대한 믿음과 진정한 애정이 필요하다는 데 귀결

4. 고객가치 창조주의 정신

    LG가 성장한 원동력의 하나가 된 것은 고객가치 창조주의 정신이다.

5. 자율경영주의 정신

    1) 능력있는 후계자를 키워서 믿고 맡기는 경영
    2) 현장을 중시하여 현장에서 모든 것을 결정할 수 있도록 해주는 경영

3) 고민과 고통의 책임이 수반되는 경영

4) 스스로 자기를 평가하는 프로에 의한 경영

5) 팀워크의 경영

6. 노경화합주의 정신

1) 직원들이 자발적으로 참여할 수 있도록 해야 한다.

2) 회사의 경영을 인사, 노무관리라는 방식으로 푼다는 생각을 버리고 부하를 가장 잘 아는 직속상사가 '인간 존중의 경영'을 통해서 실현한다는 인식을 분명히 갖도록 한다.

3) 합리적인 제도와 관행을 확립해 모든 계층 활성화

4) 노동조합을 경영의 동반자로 생각하고 경영혁신 추진

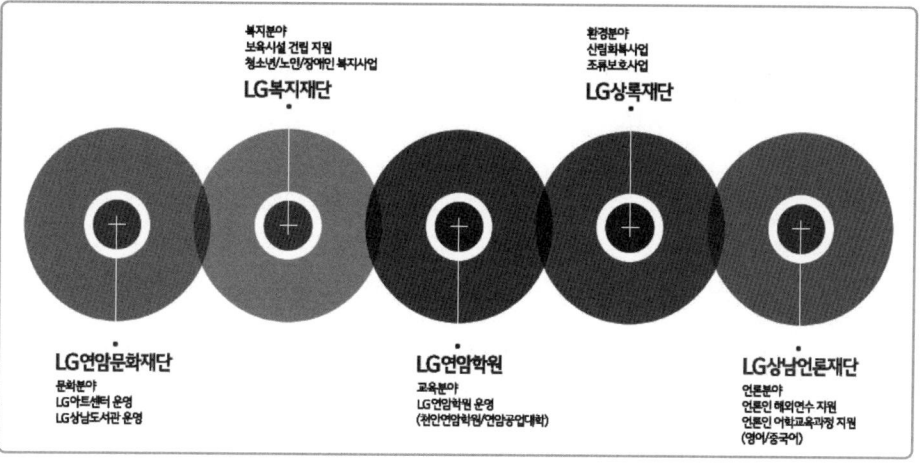

빌 게이츠의 기업가정신

Launch of Grand Challenges in Global Health(2003)

"지금 바로 행동하라"
"태어나서 가난한 것은 당신의 잘못이 아니지만,
죽을 때도 가난한 건 당신의 잘못이다"

BILL GATES

I. 약 력

1955.10.28. 미국 워싱턴주 시애틀에서 윌리엄 헨리 게이츠 시니어와 메리 맥스웰 게이츠의 1남 2녀 중 장남으로 태어남.

1969. 폴 앨런 및 다른 학생들과 함께 레이크사이드 프로그래머 그룹 결성. 워싱턴 주립대학 컴퓨터 센터를 나온 사람들이 세운 회사로 Computer Center Corporation이란 회사가 있었다. 줄여서 3C(C-큐브드) 또는 트리플 씨(Triple-C)라고 불렸는데 이 회사는 대기업 컴퓨터를 대여해주는 사업을 하고 싶어 했다. 따라서 대여해 주기 전에 실험을 해보고 싶었다. 이 설립자 중 하나인 모니크 로나의 아들이 빌 게이츠의 1년 선배였다. C-큐브드의 모니크 로나는 아이들에게 버그를 발견하면 공짜로 컴퓨터를 사용하게 해준다는 조건으로 아이들에게 버그를 발견하도록 일을 시켰고 이 일에 아이들이 모여들었다. 빌 게이츠와 친구들은 300페이지나 되는 분량의 보고서를 들고 컴퓨터의 결함을 찾아내어 컴퓨터 무료사용권을 얻게 되었다. 그러나 이들은 이 일을 하면서 운영에 어마어마한 결함을 발견하여 이를 이용하여 컴퓨터 무료 사용을 계속해 오다 발각되어 무료사용권을 박탈당했다. 그렇지만 이들은 이미 컴퓨터에 흥미가 있었고 이들은 레이크사이드 프로그래머라는 그룹을 만들어서 뭉치게 되었다. 레이크사이드 그룹이 가장 처음으로 맡은 일은 1971년 시애틀에 있는 인포메이션 사이언스라는 회사에게 프로그램을 만들어 판 일이었는데 이는 전 직원의 주급은 물론 의료 보험액, 여러 가지 공제, 수당을 계산하는 프로그램이었다. 이로 인해 벌어들인 돈으로 그들은 트래프-오-데이터라는 회사를 만들게 되었다.

1971. 폴 앨런과 Traf-O-Data 설립. 교차로를 지 나는 자동차의 수와 교통의 흐름을 계산.

트래프-오-데이터는 폴 앨런과 다른 친구들, 즉 레이크사이드 그룹이 만든 회사로 앨런이 어느 날 빌 게이츠에게 새 컴퓨터의 중심 부분인 마이크로프로세서 칩을 소개하는 기사를 보여주게 되었다. 잡지 기사에서 소개한 작고 값싼 마이크로프로세서 칩은 이미 전자계산기에

이용되고 있다는 내용이었다. 빌 게이츠
와 앨런은 바로 인텔 8008칩을 샀다. 그리
고 그 칩을 교통량 계산용 컴퓨터의 핵심으
로 이용하였다. 이 회사의 주업무는 교차
로를 지나는 자동차의 수와 교통의 흐름을

계산하는 일이었다. 경찰이나 교통 관련 기관들이 교통의 흐름을 알게
된다면 교통사고가 자주 일어나는 곳을 더 주의 깊게 볼 수 있었다. 그
리하면 교통사고가 일어나기 전에 예측을 하여 사고를 막을 수 있을 것
이라고 생각하였다. 처음 2만 달러를 벌어들이게 되면서 성공하는 듯
하였으나 정부에서 비슷한 프로그램을 무상으로 제공함으로써 실패로
돌아가게 되었다.

1974.   최초의 소형 컴퓨터용 프
로그램 BASIC 개발. 앨
런이 빌 게이츠에게 강력
한 신형 인텔 8080칩을 사
용한 조립식 컴퓨터인 앨
태어 8800에 관한 내용을
알려주었다. 앨태어 8800
은 최초의 PC였다. 앨런
과 빌 게이츠는 트래프-
오-데이터에서 겪은 쓰

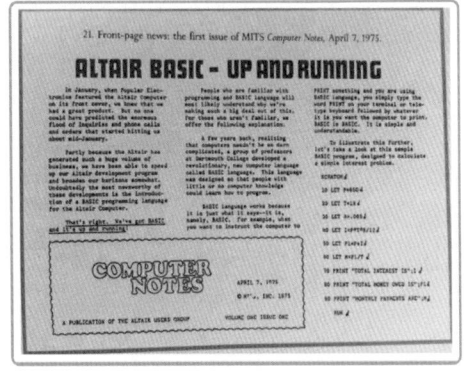

베이직 소프트웨어를 소개하는 1975년 4월 기사

라린 실패를 통해 컴퓨터 하드웨어 개발은 신중하게 해야 한다는 것을
깨달았다. 앨태어 8800을 개발한 회사는 MITS사였다. MITS사는 미
국 남서부에 있는 뉴멕시코 주 앨버커키에 위치하고 있었다. 이 회사
에서 만든 컴퓨터는 프로그래밍 언어로 만든 프로그램 없이는 할 수 있
는 일이 거의 없었다. 빌 게이츠는 트래프-오-데이터라는 회사의 자
금을 마련하기 위해 MITS사에 직접 전화를 걸어 있지도 않은 프로그
램을 있다고 거짓말하고 계약을 한 뒤 추후에 프로그램을 개발하였다.
MITS사에 만들어준 프로그램은 정확하게 잘 작동하였고 MITS사는

	앨런을 부사장 겸 부서의 부장으로 임명했다.
1975.	앨버커키에 마이크로소프트사 창업. 1975년 4월 앨런과 게이츠 둘은 고민에 빠지게 되었다. 둘이 함께 프로그램을 만들었지만 앨런은 MITS사에서 월급을 받았지만 빌 게이츠의 경우 트래프-오-데이터에서 벌어들인 수익이 전부였다. 따라서 트래프-오-데이터의 수익을 빌 게이츠가 60% 그리고 앨런이 40% 갖기로 결정하였다. 그리고 두 사람은 1975년 4월 5일 회사이름을 마이크로소프트로 바꾸게 되었다. 마이크로소프트라는 이름은 마이크로프로세싱의 마이크로와 소프트웨어의 소프트를 결합하여 만든 것이다.

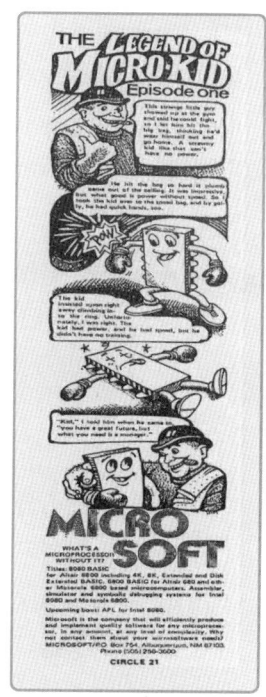

1979.1.1. Microsoft사가 앨버커키에서 워싱턴주 벨뷰로 이전.

1976년 7월 디지털 디자인지에 실린 마이크로소프트사의 첫 광고

1981. Microsoft 16비트 운영체제인 MS-DOS 1.0 기반 PC 발표.

* MS-DOS

MS사가 IBM사의 의뢰를 받아 개발한 IBM PC용 운영체제.

* 성공요인

1) 창조적인 모방: 시장수요를 예측하여 CP/M 운영체제를 모방한 Q-DOS를 시애틀 컴퓨터 회사로부터 사들여 개발.

2) 라이선스 계약 방식: IBM PC 출하 대수에 따른 사용료.

1990.5.22. Microsoft, Windows 3.0 발표.

1995.8.24. Microsoft, Windows 95 발표.

1997.   게이츠 도서관 재단 창립.

1998.6.25.   Microsoft, Windows 98 발표.

1999.6.7.   Microsoft, Office2000 출시.

2000.2.27.   Microsoft, Windows 2000 발표. 빌&
             멜린다 게이츠 재단(BILL&MELINDA
             GATES founda-tion) 설립. 2012년 기준 빌 게

이츠 기부액은 280억달러(약 28조원). 미국 워
싱턴주 시애틀에 본부가 있는데, 역사상 규
모가 가장 큰 10억달러짜리 장학 펀드를 설립
하는 등 교육 분야에 26억달러를 투입했고,
아프리카인들의 질병 퇴치를 위한 기금 조성에도 앞장서고 있다. 세계
보건기구(WHO)에서는 "수 십 년간 지구촌 빈민 건강에 대해 말만 많
았지 실제적인 내용은 없었으나, 게이츠 재단 이후 지구촌 건강이 달
라졌습니다"라고 말하고 있고, 또 이들 부부는 적당히 자선단체를 운
영하는 것이 아니라, 적어도 1년에 한 번은 자신들이 말하는 '학습여행'
(learning tour)을 떠나 개발도상 국가를 체험하며 그들에게 어떤 도움을
주어야 하는지를 몸소 체험하고 지원하고 있다. 2006년 워렌 버핏은
자신의 자산 85%를 분산해 복지재단과 연구재단에 기부하는 기부사업
을 벌일 때 기부를 받게 되어 있다. 주 운영 목적은 국제적 보건 의료 확
대와 빈곤 퇴치, 그리고 미국 내에서는 교육 기회 확대와 정보 기술에
대한 접근성 확대이다.

2001.5.31. Microsoft, Office XP 발표.

    6.22. 웹서비스를 위한 닷넷 전략 발표.

    10.25. Microsoft, Windows XP 발표.

2002.1.15. 빌 게이츠 'Trust worthy Com-
puting' 발표.

2008. 빌 게이츠 마이크로소프트사 은
퇴. 약속대로 자신의 대학 친구
인 스티브 발머(Steve Ballmer)에게
CEO자리를 넘겨주고 명예롭게
은퇴함.

2010.4.12. KIN Phone 출시 실패(Flash뿐만 아
니라, Silverlight도 지원되지 않았고,

더 큰 문제는 어플리케이션을 따로 설치해 사용할 수 없다는 단점이 있었다).
이후 곧 단종됨.

2010.6. 더 기빙 플레지(The Giving Pledge · 재산 사회 환원)운동 시작.

2010년 8월, 미국에서 가장 부유한 사람들 중 40명은 사회의 가장 시급
한 문제들을 해결하기 위해 재산의 대부분을 기부하기로 약속했다. 워
렌 버핏(Warren Buffett), 멜린다 프렌치 게이츠(Melinda French Gates), 빌
게이츠(Bill Gates)가 만든 기빙 플레지(Giving Pledge)는 초부유층 사이에
서 관대함의 새로운 기준을 세울 수 있는 방법에 대해 자선가들과 일련
의 대화를 나눈 후 탄생했다. 원래는 미국에 초점을 맞췄지만, Giving
Pledge는 전 세계 자선가들의 관심을 빠르게 받았다.

"이것은 궁극적으로 세상을 훨씬
더 나은 곳으로 만드는 데 도움이
될 훌륭한 자선 활동의 전통을 구
축하는 것입니다."   - 빌 게이츠

기부 서약(Giving Pledge)은 간단
한 개념으로, 억만장자 또는 기

부를 하지 않을 사람들이 생전에 또는 유언장에 재산의 대부분을 자선 사업에 기부할 것을 공개적으로 약속하도록 공개적으로 초대하는 것이다. 그것은 더 나은 세상을 만들기 위해 관대하게, 그리고 종종 큰 개인적 희생을 치르면서까지 모든 소득 수준의 수백만 명의 사람들이 세운 모범에서 영감을 받았다. 여러 세대에 걸친 노력으로 구상된 Giving Pledge는 시간이 지남에 따라 세계에서 가장 부유한 사람들 사이에서 자선 활동의 사회적 규범을 바꾸고 사람들이 더 많이 기부하고, 기부 계획을 더 빨리 수립하고, 더 현명한 방식으로 기부하도록 영감을 주는 것을 목표로 한다. 서명국은 자신이 선택한 다양한 문제에 자금을 지원한다. Giving Pledge에 가입하는 사람들은 자선 활동에 깊고 공개적으로 참여하기로 한 결정을 설명하고 동기를 부여하는 원인을 설명하는 편지를 작성하는 것이 좋다.

Giving Pledge에 가입하는 것은 일회성 이벤트 그 이상이다. 이는 세계에서 가장 활발한 자선가들로 구성된 활기찬 커뮤니티의 일원이 되어 도전, 성공, 실패에 대해 논의하고 기부에 대해 더 현명해지기 위한 아이디어를 공유하는 것을 의미한다. 서명자들은 배움과 나눔에 대한 공동의 약속으로 단결한다. Giving Pledge 팀은 특히 서명인과 가족 및 직원 모두에게 연중 내내 모여 전문가와 서로에게서 자선 활동을 가장 잘 활용하여 세계의 가장 큰 문제를 해결하는 방법을 배울 수 있는 기회를 제공한다.

워렌 버핏(Warren Buffett)과 멜린다 프렌치 게이츠(Melinda French Gates), 빌 게이츠(Bill Gates)가 쓴 2010년 창립 서약 편지를 읽어보자.

더 기빙 플레지 운동에 참여하기 위해서는 자산이 10억달러(약 1조 1000억원 이상)이면서 재산의 절반 이상을 사회에 기부한다는 약속을 해야 한다. 더 기빙 플레지는 법적 구속력은 없으나 회원들간의 약속과 선언 형태로 이뤄진다. 신청자의 재산 형성과정부터 진정성에 대한 심층 인터뷰, 평판 조회 등 까다로운 자격 심사를 거치는 것으로 유명하다. 마이크로 소프트 회장인 빌 게이츠와 버크셔 해서웨이 회장인 워렌 버핏이 재산의 사회 환원을 약속하면서 시작된 전 세계 부호들의 기부클

럽이다. 2011년 4월까지 69명의 억만장자가 그 캠페인에 서명을 했고, 이듬해까진 총 81명의 억만장자가 서명을 했다. 2017년 5월까지는 개인 혹은 커플이 서명을 했다. 대부분의 서명자는 억만장자이지만 일부는 아니다. 회원으로는 마크 저커버그(페이스북 창업자), 일론 머스크(테슬라 최고 경영자), 래리 엘리슨(오라클 회장), 마이클 블룸버그(전 뉴욕시장) 등이 있고, 우리나라에서는 배달의 민족 창업자이자 우아한 형제들 의장 부부(김봉진과 설보미)가 5500억원 기부 서약으로 219번째 기부자가 되었고, 카카오 창업자 김범수(카카오 이사회 의장)와 부인 형미선 씨도 5조원의 기부를 서약으로 220번째 기부자로 참여하고 있다. 전체 서약자의 명단은 https://givingpledge.org/pledgerlist에서 찾아볼 수 있다.

| 빌게이츠와 멜린다 게이츠의 기빙 플레지 기부 서약서 |

전 세계의 부모들은 자녀에게 좋은 기회를 주기 위해 최선을 다합니다. 부모는 자녀들이 자신의 꿈을 추구할 수 있는 모든 기회를 주기 위해 노력합니다.

그러나 너무나 많은 부모들이 가족들에게 더 나은 삶을 물려주겠다는 꿈을 좌절시키고 있습니다. 미국에서는 자녀들이 인생에서 성공하는 데 필요한 교육을 받지 못하고 있습니다. 개발 도상국에서, 그들의 자녀들은 부유한 나라들에서 오래전에 근절된 질병에 걸려 죽습니다.

몇 년 전, 우리가 세계 보건에 대해 배우기 시작했을 때, 우리는 예방이 가능한 질병인 로타바이러스가 매년 50만 명의 어린이를 죽인다는 사실을 읽고 특히 충격을 받았습니다. 비행기 추락 사고는 항상 뉴스의 1면에 실리지만, 매년 50만 명의 어린이가 목숨을 잃는 사건이 발생하고 있으며, 대부분의 사람들은 그 사고에 이름을 올리지 못했고, 더욱이 그것을 멈출 수 없었습니다.

우리는 빌 & 멜린다 게이츠 재단(Bill & Melinda Gates Foundation)에 우리 자산의 대부분을 기부하여 이와 같은 예방 가능한 죽음을 막고, 사람들이 자신의 삶을 최대한 활용하지 못하게 하는 건강과 교육에 대한 다른 장벽을 허물기 위해 노력하고 있습니다. 우리의 원칙은 모든 생명이 동등한 가치를 지닌다는 것입니다. 다시 말해, 모든 어린이가 성장하고, 꿈을 꾸고, 큰 일을 할 수 있는 기회를 가질 자격이 있다고 믿는다는 뜻입니다.

우리는 기대 이상의 행운을 누리는 축복을 받았고, 깊이 감사하고 있습니다. 그러나 이러한 선물이 위대하듯이 우리도 그것을 잘 사용해야 한다는 큰 책임감을 느낍니다. 그렇기 때문에 우리는 기부 서약에 대한 분명한 약속에 동참하게 되어 매우 기쁩니다.

서약에 대한 아이디어는 우리가 다른 기부자들과 그들이 하고 있는 일, 자선 사업에서 효과가 있었던 것과 효과가 없었던 것에 대해 토론한 결과였습니다. 모두가 나눔이 어떻게 그들의 삶을 더 풍요롭게 만들었는지에 대해 이야기했습니다. 참석한 모든 사람들은 다른 사람들의 열정에 귀를 기울이며 영감을 받았고 더 많은 일을 할 수 있도록 격려했습니다.

우리 두 사람은 매일 놀라운 진전을 보고 있지만, 앞으로 해야 할 일이 얼마나 더 남아 있는지 알 수 있기 때문에 이 서약 노력에 동참하게 된 것을 영광으로 생각합니다.

예를 들어, 우리에게 백신은 기적이며, 희망과 약속의 작은 그릇입니다. 그리고 전 세계는 수백만 명의 어린이에게 백신을 접종하는 데 진전을 이루었습니다. 그러나 아직도 예방할 수 있는 질병으로 사망하는 사람들이 수백만이 더 있습니다.

따라서 우리는 생명을 구하는 백신이 필요한 모든 사람에게 전달되고 전 세계가 새로운 백신을 개발할 수 있기를 바랍니다.

우리는 미국의 교육 시스템에서도 비슷한 진전을 보아왔습니다. 우리는 오래된 장벽을 허물고 모든 아이들이 대학과 인생을 준비할 수 있도록 하는 학교를 방문했습니다. 이 학교들은 훌륭한 학교들이지만 그 수는 충분하지 않습니다. 이제 과제는 모든 학생이 대학과 인생에서 성공할 수 있는 동일한 기회를 갖도록 하는 것입니다.

우리 둘 다 운이 좋게도 우리에게 엄청나게 중요한 가치관을 가르쳐 준 부모님 밑에서 자랐습니다. 열심히 일해라. 존중을 보인다. 유머 감각을 가지십시오. 그리고 삶이 여러분에게 재능이나 보물을 축복해 준다면, 여러분은 그 은사를 가능한 한 현명하게 사용해야 할 책임이 있습니다. 이제 우리는 이 모범을 우리 자녀들에게 물려주고 싶습니다.

우리는 우리가 관리하는 자원을 되돌려 주기 위해 함께 일할 수 있는 기회를 갖게 되어 매우 행운이라고 생각합니다. Giving Pledge 노력에 동참함으로써 우리는 이 그룹과 함께 보낼 시간 때문에 기부가 더 효과적일 것이라고 확신합니다. 우리는 이것이 우리에게 얼마나 멋진 경험이었는지 공유하고 다른 사람들의 경험에서 배우기를 기대합니다.

행운을 빌며

2021.5.3.   빌&멜린다 이혼. 이혼 후에도 빌&멜린다 게이츠 재단 공동 운영하겠다고 밝힘.

2021.7.   빌&멜린다 게이츠 재단 운영도 결별할 수 있다고 알려짐.

Ⅱ. 빌 게이츠의 기업가정신

1. 도전과 개척 정신

    1) 젊음의 패기와 열정을 바탕으로 Microsoft사 설립

    2) 변화와 혁신의 주도자로서 역할 수행

    3) 생산성 향상정신의 실현

    4) '소프트웨어가 하드웨어를 바꾼다'

2. 근검절약 정신

    1) 근면하고 절약을 기본으로 하는 청교도 정신

    2) 가능한 한 스스로 근검한 생활을 하는 생활자세 확립

3. 일등기업 정신

    1) 일등기업주의 경영사상

    2) 카리스마적 리더십 소유

    3) 일등을 뺏기면 패배한다는 강한 정신적 신념 소유

4. 사업보국 정신 – 게이츠재단 설립

    1) 지역사회의 기여: 라이브러리 온라인프로그램을 통해 제공

    2) 영재육성기여: 연간 1천만 달러를 교육 분야에 투자, 장학금지원

    3) 환경에 대한 책임 강조: 지구환경 및 산업공해 해결에 선도적 역할 강조

5. 창조 정신/아이디어 창출

    1) 인류의 생활 전반을 바꾸어 놓은 소프트웨어 분야의 선구자 정신

2) 창조적 기술개발을 성공적인 결과로 만듦

3) 경영진의 창의성 촉진

4) 끊임없는 새로운 아이디어 창출 요구

5) 창조적 모방활동의 적극화 실현

6. 시테크 정신

1) 철저한 시간 관리와 시간의 귀중함 인식

2) 여러 가지 일을 동시에 하는 것을 즐김

※ 시테크는 재테크의 한 형태로, 시간을 돈으로 인식하고 시간을 효율적으로 사용하기 위한 구체적인 계획을 세워 시간을 관리히는 시간 경영을 의미한다.

7. 인재제일주의 정신

1) '일 벌레여야 하고 천재적인 두뇌를 가지고 있어야 한다'는 인사 철학

2) 기업발전을 위한 적재적소 인재배치주의 강조

3) 철저한 능력급 보상제도 실현

8. 반성의 정신

1) 자만을 경계하고 자기만족을 철저하게 배제하는 정신

2) 아부와 겁쟁이를 싫어하고 논쟁을 즐기며 늘 경계하는 삶의 자세

3) 자신의 뜻에 반대하는 의견도 기꺼이 수용하는 포용력을 가진 신념

9. 강력한 리더십

1) 카리스마적 경영방식

2) 전투성을 바탕으로 한 기업문화의 특성

10. 워커홀릭(workaholic) 정신

1) work와 alcoholic의 합성어로 가정이나 다른 것보다 일이 우선이어서 오로지 일에만 몰두하는 사람 즉 일중독자, 업무중독자를 뜻한다.

2) 1975년 베이직 소프트웨어를 5일 만에 완성

3) 미친 듯이 일하는 일벌레: 빌 게이츠는 1978년부터 1984년까지 6년 동안 단 15일만 쉼. 일에 대한 강한 열정을 가짐.

Ⅲ. 빌 게이츠의 자선사업(재단)과 기부 및 성공에 감춰진 10가지 비밀

1. 빌&멜린다 게이츠 재단

1) 빌 게이츠와 멜린다 게이츠에 의해 2000년 6월에 설립.

2) 주 운영 목적은 국제적 보건의료 확대와 빈곤 퇴치, 국내 교육기회 확대와 정보 기술의 접근성 확대.

3) 429억달러의 기금을 보유.

4) 이 재산은 전 세계 자선재단 중 가장 선도적인 단체로 인정받음.

5) 빌과 멜린다의 2021년 8월 이혼으로 이 재단 운영도 분리 가능성 제기.

2. 빌 게이츠의 기부

1) 10년간 아프리카 말라리아 백신에 100억달러 기부

2) 성병을 예방하기 위한 진화된 콘돔 개발을 위해 10만 달러를 기부

3) 2010년 4월까지 총 금액은 368억 5천 4백만 달러 이상으로 이 액수는 현재 그의 전 재산의 절반 이상의 금액

4) 2009년 파인만(Richard P. Feynman, 물리학자, 교수)의 강의 저작권을 구매, 강의를 모든 사람들이 무료로 볼 수 있도록 공개함

3. 빌 게이츠 성공에 감춰진 10가지 비밀

1) 제시간에 제자리에 있어라

2) 기술을 사랑하라

3) 어디에도 얽매이지 마라

4) 똑똑한 사람들을 고용하라

5) 살아남기 위해 학습하라

6) 어떠한 칭찬의 말도 기대하지 말라

7) 비전을 읽는 통찰력을 가져라

8) 기초부터 철저히 다져라

9) 바이트 크기의 사업을 구축하라

10) 결코 공에서 눈을 떼지 마라

어떻게 디지털 프로세스가 완전히 새로운
방식으로 비즈니스를 풀어갈 것인가를 제시

뉴욕 타임즈 선정 베스트셀러 목록에
7주간 1위 차지

4. 실리콘 밸리의 신화(영화)

1) 영화 초반 스티브 잡스와 빌 게이츠의 대학 생활을 보여주면서 여느 대학생과 다를 바가 없는 평범한 소시민의 모습을 보여줌

2) 어떠한 화려한 미사여구도 없이 그냥 두 냉철한 기업가의 모습을 사실적으로 묘사

생각노트
느낀점·나의 성공 아이템·아이디어 노트·성공을 위한 나의 노력

생각노트
느낀점·나의 성공 아이템·아이디어 노트·성공을 위한 나의 노력

마사요시 손(손정의)의 기업가정신

"내가 소프트뱅크를 왜 만들었나. 디지털 정보혁명으로
인간을 행복하게 만들고 싶었기 때문이다"

Masayoshi Son
마사요시 손

Ⅰ. 약력

1957.8.11.	일본 사가(佐賀)현에서 한국인 3세로 출생. 당시 주소는 사가현 도수시 고켄고로 무번지(無番地)(선로 옆 공터에다 양철지붕을 올리고 판자를 둘러쳐 살았으므로 일본 정부는 정식으로 호적을 인정해 주지 않았던 것이다). 부모님은 맞벌이였으므로, 할머니 손에 컸는데, 할머니는 음식 찌꺼기를 담는 통에 역전 식당에서 먹고 남은 음식을 얻어와 돼지를 쳤다. 이 음식 잔반 수거 리어카가 내 놀이터였다. 할머니와 음식을 얻으러 다닐 때 이 리어카를 타고 다녔다.

1972.
'인생 50년 계획' 확립.
20대에 이름을 날린다.
30대에 군자금을 마련한다.
40대에 사업에 승부를 건다.
50대에 연 1조엔 매출의 사업을 완성한다.
60대에 다음 세대에 사업을 물려준다.

1973.
구루메(久留米)대학 부설 고등학교 입학. 중퇴.

1974.
미국 유학. 홈스테이 후, 6개월간 어학연수.

1974.
여름. 캘리포니아 주 샌프란시스코 인근 세라몬테 고등학교 10학년에 편입(한국의 고교 1년). "10학년 교과서를 다 봤습니다. 11학년 수업을 듣게 해주세요." 이어 4일간 전체를 섭렵하고 교장선생님에게 "11학년도 됐어요. 12학년으로 가겠습니다"라고 얘기했고, 다시 3일 뒤에 교장선생님에게 "고등학교 졸업 검정시험을 치겠습니다"라고 얘기하자, "네가 원한다면, 그리고 할 수 있다면 해봐라"라고 얘기했다. 그러나 검정시험의 문제의 양과 해독해야 할 문장이 너무 많았다. 손을 들고 감독관에게 "전 일본에서 왔습니다. 아직 영어가 서툴러요. 이 시험은 영어가 아닌 학업 수준을 테스트하려는 것 아닙니까. 일영사전을 쓸 수 있게 해주세요. 그게 공정합니다"라고 얘기하자, 감독관은 "안 된다"라고 딱 잘라 거절했는데, 계속 그런 배려를 받을 권리가 있다는 주장을 끈질기게 하자, 시험장 밖으로 나갔다 들어온 감독관은 "교육

청 허락을 받았으니 사전을 써도 좋다"고 허락을 받았고, 원래의 시험
은 오후 5시에 끝나도록 되어 있었지만, 시간이 턱없이 부족했다. 다시
손을 들어 "사전을 찾아야 해 시간이 배로 필요합니다. 종료 시간을 늦
춰주십시오." 이번에도 감독관은 요구사항을 받아들여줘서, 자정까지
시험을 칠 수 있었고, 합격하게 되었다. 이로써 미국에 온 지 1년도 안
돼 고교과정을 마쳤다. 미국 캘리포니아 주 살레몬테 고등학교 졸업(2
주 만에 졸업). 미국 대학입학자격시험(SAT)을 보지 않았기에 대학에 입
학할 수 없어, SAT 없이도 갈 수 있는 대학인 홀리네임스 칼리지 입학
했고, 2년 동안 전 과목 A학점 취득하고 졸업했다.

1977.　　UC 버클리 경제학과 2학년으로 편입학. 일렉트로닉스라는 잡지에서
　　　　우연히 본 마이크로프로세서의 사진과 기사에 완전히 매료되어 "이 작
　　　　은 칩 하나가 인류의 미래를 바꿀 것이다. 나도 여기, 컴퓨터에 걸겠
　　　　다"는 다짐을 하게 되었다.

| 마이크로프로세서(microprocessor) |

　컴퓨터 시스템의 중앙처리장치(CPU)기능을 대규모 집적회로 칩에 탑재한 것. 인
텔이 1971년 개발한 i4004가 효시이다. 이로부터 컴퓨터의 대중화·소형화 시대가
열리게 되었다. 이후 하루 한 가지씩 고안한 것 중에서 가장 성공확률이 높은 것에 승
부를 걸기로 함. 그렇게 되면 1,000만 엔 정도는 벌 수 있다고 생각했다. 세 가지 접
근법을 활용했는데, 첫째는 주변의 문제를 해결할 수 있는 답을 찾는 것, 둘째는 큰
것을 작은 것으로, 둥근 것을 네모난 것으로 바꿔보는 식의 변환을 시도한다. 셋째는
기존의 것들을 새롭게 조합해 본다. 이러한 것에서 가능성이 있을 법한 것이 있었다.
음성발신기와 사전, 액정화면을 결합한 제품, 다중어 번역기였다. 기술적인 부분의
지식이 부족하여 아이디어를 면밀히 다듬은 뒤 다짜고짜 공대의 포레스터 모더 교수
를 찾아갔다. 그는 음성 발신 기술의 권위자였다. 모더 교수가 아이디어를 현실화하
기 위한 팀이 꾸려졌고, 유독 관심을 쏟은 것은 "사용자 시각"이었다. 사전만 찾아선
정확한 영어 발음을 알 수 없었다. 이런 아쉬움을 발명과 연결시킨 것이 바로 번역기
아이디어였다. 1977년에 특허를 땄고, 이듬해 시제품을 완성했다.

1978.

UC 버클리 재학시절 유니손 월드 창업. 대학 재학시절 개발한 다중어 번역기 기술을 샤프에 판매함으로써 사업밑천을 마련할 수 있었다. 샤프의 사사키 다다시 소장이 2,000만 엔을 내놓으며 말했다. "이것은

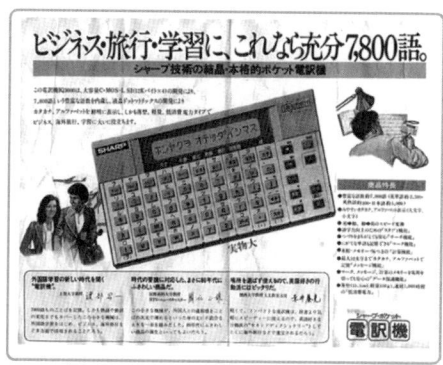

일 · 영번역기 기술에 대한 개발비입니다. 프랑스어 · 독일어 · 이탈리아어…, 그렇게 주요한 언어에 대한 기술을 개발할 때마다 이만큼씩 더 내놓겠습니다. 희망을 갖고 열심히 해 주십시오"라고 했다. 당시 샤프에 넘긴 특허는 79년 이 회사가 출시한 전자사전 'IQ3000'의 기반 기술이 됐다. 최종적으로 이 프로젝트는 1억 엔(현재 환율로 약 15억원)이상을 벌어들였다. 이것으로 사업밑천까지 마련한 것이다.

1981.9.

일본 후쿠오카현 오도시로 시에 소프트뱅크 설립. 샤프(Sharp)사의 사사키 다다시 전무의 조언에 따라 도쿄로 이전. "SW사업은 정보 밀도가 높은 곳에서 해야 한다." 도쿄 이전 후, 창업자금 1000만 엔 중에서 800만 엔을 털어 "일렉트로닉쇼"에 참가. 회사라고는 이름뿐이었으나, 행사장은 가장 큰 부스를 빌렸다. 광고로 "PC시

대엔 SW가 중요하다. 그 SW를 나 손정의가 판매한다"였다. 카달로그 대신 아예 잡지를 만들어 돌렸다. 전시회가 끝나자 회사는 파산지경이 됐다. "조신전기입니다. 일렉트로닉쇼에서 귀사의 부스를 인상 깊게 봤습니다. 오사카에 일본 최대 컴퓨터 매장을 내는데 거기에서 쓸 SW를 납품해 주시겠습니까?"라는 전화를 받았다. 그러나 물건을 떼 오려

면 큰 돈이 필요했다. 당시 소프트뱅크는 무일푼이었다. 조신 전기 사장을 찾아가 내 비전과 아이디어를 설명하고 선수금을 청하자, 그는 선뜻 지원을 약속했다. 또 사시키 전무의 도움으로 그가 집까지 담보를 넣어 보증을 선 덕분에 다이이치칸교(第一勸業) 은행으로부터 무려 1억 엔을 빌릴 수 있었다.

1990.	일본 국적으로 국적 변경.
1994.7.	소프트뱅크 상장.
1995.4.	미국 Comdex사 인수.
1996.2.	미국 Ziff Davis사 인수.
1996.	야후 재팬 설립.
6.	일본 아사히 TV 지분 21% 공동인수.
1996.7.	일본판 Forbes지 선정 일본 부호 순위 3위.
2000.	중국 알리바바 투자(지분 34.4% 매입).
2001.	일본 브로드밴드 사업 진출.
2004.	일본 텔레콤 인수(1조 7,500억 엔). 후쿠오카 다이에호크스(Fukuoka SoftBank Hawks, 福岡ふくおかソフトバンクホークスプロ野구단) 인수.
2006.	보다폰 일본법인 인수.
2013.	슈퍼셀 투자(이후 2016년에 텐센트에 매각).
2013.	미국 스프린트 인수.

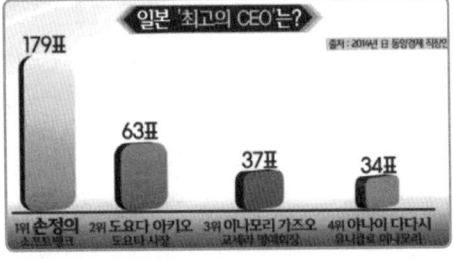

2014. 인도 최대 전자상거래 업체 스냅딜(6억 2,700만 달러 투자, 34% 지분). 일본 최고의 부자(15조 3,600억). 2014년 세계 부자 42위.

2015. 쿠팡(10억달러 투자, 지분 미공개).

2016. 앤디비아의 ARM 인수.

2018.9. 〈포브스〉에 따르면 손정의의 재산은 24조 5천억원으로 일본 부자 1위에 등극.

2019.7.4.　한국공식방문. 이재용, 구광모, 정의선 등 재벌 총수들과 회동.

2020.1분기.　소프트뱅크사 창사 이래 최대 적자 위기. 적자 규모는 무려 1조 4,381억 엔(16조 5545억원)이었다.

　　7.　11조 흑자로 적자를 수습해 나감.

2020.　엔비디아가 소프트뱅크사로부터 ARM을 400억달러(79조원)에 인수하기로 합의. 세계 반도체 업계 역사상 최대 규모의 M&A였음. 엔비디아 주가 400억달러 → 660억달러로 상승.

2021.　쿠팡 주당 단가 35달러(40,000원)로 책정. 평가 이익이 190억달러(21조 6,391억원)에 이르는 잭팟을 터뜨림. 마사요시 손 일본 제1의 부호 타이틀 탈환. 소프트뱅크는 지난 2015년과 2018년 쿠팡에 총 30억달러(3조 4100억원)를 투자해 현재 약 37%의 지분을 보유하고 있다. 쿠팡의 현재 기업 가치는 600억달러(72조원)에 달한다.

2022.2.8.　엔비디아 ARM인수 최종 무산(양사의 선의에도 불구하고 각국 규제로 거래를 완수할 수 없는 중대한 제약 사항이 발생했기 때문에 인수-양도 계약을 중단한다. 내용은 GPU, 인공지능 AI칩, 모바일용 칩 등에 걸쳐, 반도체 산업 전반에 독점적 생산과 영향권 확보. 엔비디아가 ARM을 흡수할 경우 GPU와 AP 설계 능력까지 보유하게 되면서 반도체 시장 전체 장악 의도가 있기 때문이다). 따라서 나스닥 뉴욕증권거래소에 상장 추진, 2023년 3월까지 상장목표.

Ⅱ. 손정의의 '창업' 키워드

1. 확고한 비전 "오르고 싶은 산을 정하라" → 디지털 정보혁명으로 인간을 행복하게
2. 시대 흐름 파악 "미래는 소프트웨어 세상" → '상품'이 아닌 '인프라'를 장악하라
3. 치밀한 분석 "승률 70% 이상일 때 도전" → 40개 아이템 놓고 18개월 시장 조사
4. 과감한 승부수 "이름과 열정을 전파하라" → 자금 털어 대형 쇼 참가, 대대적 홍보전
5. 믿을 만한 멘토 "겸허히 조언을 구하라" → 고비마다 구원투수, 돈 · 인맥 숨통 틔워

Ⅲ. 손정의의 경영철학과 전략

1. 경영철학

손정의는 27살 때 손자병법에 기반한 제곱병법 전략의 초안을 잡은 후 지금까지 중요 고비 때마다 지침으로 삼아왔다.

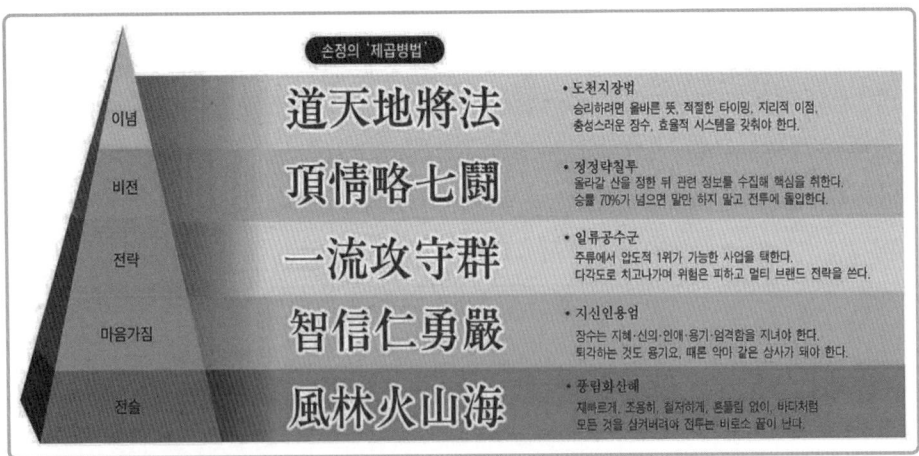

cf) 빌 게이츠는 중국 시장을 공략할 때도 손자병법에서 전략을 빌려왔다. MS는 1990년대 초 중국 워드프로세스 분야 시장 진출에 애를 먹었다. 중국 본토 중소기업들은 가

격경쟁력으로 MS에 저항했다. 빌 게이츠는 손자병법에 나온 '능력이 없는 척 속였다가 적을 공격하는 전략'을 택했다. 빌 게이츠는 MS의 워드프로세서가 무단 복제돼 시장에 엄청나게 풀리고 있음에도 별다른 조치를 하지 않았다. 무려 10여 년을 방치했다. 중국 본토 워드프로세서 기업들은 결국 무단 복제된 MS의 워드프로세서에 모든 시장을 잃고 무릎을 꿇고 말았다.

2. 세계화 경영전략

1) 목표는 컴퓨터 관련 인프라의 압도
1990년에 회사명을 '일본 소프트뱅크'로 바꾸고 국제적인 시야에서 사업을 확대

1990년에 미국 노벨사의 일본 현지법인 설립. 소프트뱅크는 지프데이비스와 1990년 5월에 제휴하였고, 미국과 일본 동시 광고 전략도 가능하게 됨. 당시 지프데이비스는 세계 IT 관련 종사자들의 필독서인 'PC 위크' 잡지 발간.

손정의의 목표는 바로 '컴퓨터와 관련된 모든 인프라를 압도하는 것'

2) 세계 최대의 "WWW" 정보검색업체 야후사와 제휴
손정의가 노린 것은 야후사와 소프트뱅크의 다른 사업부분과의 시너지 효과

3. 성공사례

1) 버클리대학교를 마치고 다시 일본으로 돌아온 손정의는 백수로 지내오며, 1년 6개월 동안 시장 조사한 끝에 앞으로 일본에 개인용 컴퓨터가 대중화될 것임을 확신

2) 소프트뱅크는 빠르게 성장하였고, 창업 4년 만에 소프트웨어 시장의 60%를 점유함

3) 1994년 기업 공개, 단숨에 2천억 엔 자금 모음

4) 그러던 중 세계적으로 닷컴 거품이 꺼지던 시기에 70조 원이 넘던 손 회장의 재산도 1조원 수준으로 급감하며 위기가 찾아옴

5) 위기 돌파 방법으로 일본에 초고속인터넷 도입, 매년 1천억 엔씩 적자 생김

6) 야후 주식 등을 매각하면서 4년 동안 밀어붙인 결과 2005년 드디어 첫 흑자 달성

7) 그 이듬해 소프트뱅크사의 시가 총액은 주가가 최저점을 찍었던 6년 전보다 10배 넘게 상승해 20조 원을 다시 돌파하며 일본 최고 부자 자리에 등극하며 재기에

성공

4. 손정의의 어록

1) 누구에게나 숨겨진 능력과 끝없이 발전하는 능력이 있다.

2) 사업을 하려면 시장의 60%를 점유해야 성공한다.

3) 인생이라는 것은 최고로 훌륭한 것이다. 1분 1초도 헛되이 하고 싶지 않다. 모든 것에 감사드린다.

4) 넓은 바다를 항해함에 있어 순풍만 불어오지 않을 것이다.

5) 행운은 누구에게나 찾아온다. 그러나 그 기회를 살리는 경우는 적다.

6) 순풍은 자만심을 부르고, 역풍은 성장을 자극한다.

Ⅳ. 손정의의 기업가정신

1) 개인적 야망과 진취성

2) 글로벌 감각

3) 네트워크 구축 역량

Ⅴ. 소프트뱅크 손정의 후계자 돌연 사퇴

월스트리트저널(WSJ)은 손정의 회장이 60세가 되면 후계자에게 회사 지휘권을 넘겨줄 계획이었으나, 5~10년 정도 더 회사를 운영하겠다는 뜻을 밝히면서 니케시 아로라 부사장과의 경영권 이양 시기를 두고 이견이 발생해 이 같은 결정이 나왔다.

생각노트
느낀점·나의 성공 아이템·아이디어 노트·성공을 위한 나의 노력

워렌 버핏의 기업가정신

"잠자는 동안에도 돈이 들어오는 방법을 찾아내지 못한다면
당신은 죽을 때까지 일을 해야만 할 것이다"

Warren Buffett

WARREN BUFFETT

Ⅰ. 약 력

1930.8.30. 미국 네브래스카주 오마하에서 하워드 버핏과 라일라 부부의 3남매 중의 둘째로 태어남.

1936. 아버지 하워드 버핏이 주식통장을 선물해 돈에 눈뜨게 함.

1937. 오마하 공립도서관에서 빌려온 One Thousand Ways to Make $1,000 (1,000달러를 버는 1,000가지 방법)이라는 책에서 영감을 받았다. 로즈힐 초등학교 교육.

버핏은 돈에 관심을 가졌고 가장 신기했던 것은 돈이 제자리에 그냥 있지 않고 여기저기 돌아다닌다는 것과 돈의 액수가 불어나고 커지는 원리였다. 그 원리를 어렸을 때부터 알고 싶어했다. 아빠가 붙여준 버핏의 애칭은 fireball(불덩어리)였다.

버핏을 멋진 사람, 닮고 싶어하는 사람이라고 하는 것은 그가 최고의 부자가 되어서가 아니라 부자가 되어서도 변함없이 옛 친구들과 격없이 어울리며 소박하게 살아간다는 점이다.

"35세에 백만장자가 될 것이다." (『1000달러를 버는 1000가지 방법』을 읽고 난 후)   앤재닛 존슨 지음, 권오열 옮김, 『워렌버핏 이야기』, 명진출판, 2010

1941. 아버지 하워드와 함께 사무실을 쓰면서 해리스어팜 주식중개회사에서 시세 적는 일 시작. 누나 도리스와 시티즈서비스 주식 6주를 38달러에 구입. 27달러로 떨어졌다가, 40달러로 오르자 팔아 순수익 5달러를 남겼다. 그러나 얼마 후 시티즈서비스 주가가 200달러까지 치솟았고, 버핏은 이 일로 장기투자의 중요성을 깨달았다.

1943. 아버지 하워드 버핏이 하원의원에 당선되어 워싱턴으로 이주. 버핏은 자신이 30세가 될 때까지 백만장자가 되지 못하면 오마하의 가장 높은 빌딩에서 뛰어내리겠다고 말함.

1945. 신문배달사업으로 2,000달러까지 저축한 버핏은 1,200달러를 투자하여 네브래스카 농지를 사들여 소작농을 두어 매달 돈을 벌어들임. 워렌은 고등학생 친구와 핀볼 게임기를 사서 이발소에 설치했고, 더 많은 게임기를 살 수 있는 충분한 돈을 마련할 수 있었고, 추가로 다른 상

점에 설치했다. 버핏은 훗날 1,200달러 이윤을 남기고 참전용사에게 팔아 치웠다.

1947.   우드로윌슨 고등학교 졸업.

1947.   아버지의 강요로 펜실베이니아의 와튼 금융산업학교로 진학. 이후 네브래스카 대학으로 편입. 이후 하버드 대학원에 낙방. 평생의 멘토가 된 벤저민 그레이엄 교수가 재직하고 있던 뉴욕의 컬럼비아대학교 경영대학원에서 수학.

1950.   그레이엄 교수의 과목을 모두 A+ 받음.

1952.   수잔과 결혼.

1956.5.1.   버핏 어오시에이츠라는 조합(Buffett Associates Limited) 결성.

1962.   버핏 투자조합은 자본금이 720만 달러됨. 100만 달러는 워렌 버핏의 몫이다. 버핏은 섬유제조업체인 버크셔 해서웨이 주식을 주당 7.6달러에 조금씩 매수함.

1963.   워렌은 농기구 생산업체인 뎀스터 밀(Dempster Mill)을 매각해 230만 달러의 순이익 달성. 버크셔는 투자회사로 변신하여 39%의 수익 기록.

1964.   아메리칸익스프레스 매수 결정. 버크셔 28%의 수익 기록.

1965.   버크셔 주식을 49% 보유하여 경영권 장악. 버핏의 투자조합은 다우지수보다 33% 높은 수익 올림. 10년간 다우지수가 122% 상승할 때, 버핏 투자조합의 누적 수익은 1,156% 달성.

1970.   버크셔 주식의 29% 소유한 버핏이 회장 취임.

1983.   5.68달러로 사들인 워싱턴포스트의 주식이 73달러로 치솟고, 버크셔의 주가도 주당 1,310달로까지 오르면서 버핏의 자산은 6억 2,000만 달러가 됨. 버크셔 주식분할 압력을 받지만, 파이를 조각낸다고 가치가 늘어나는 것은 아니라며 단호히 거부.

1988.   불경기에 우려했으나, 버크셔는 10억 2,000만 달러어치 코카콜라 전체 주식의 7퍼센트를 매입. 3년 후 코카콜라 지분은 37억 5,000만 달러로 상승.

1898.   버크셔 주가가 주당 4,800달러에서 6개월 만에 66% 상승해 8,000달러 됨. 버핏은 39억달러 가치의 자산 보유.

1990.	보유재산 42억달러로 포브스가 선정한 세계 부호 2위에 등극.
1993.	보유재산 152억달러로 포브스가 선정한 세계 최고의 부자가 됨. 2위는 마이크로소프트의 빌 게이츠.
1998.	온스당 4.32달러라는 650년 만에 가장 저렴한 가격으로 1억 2,970만 온스의 은을 사들임. 2007년 은 가격은 3배로 뜀.
2001.	버크셔 해서웨이 보험사업부는 9 · 11테러로 약 22억달러 손실 초래.
2002.	110억달러 규모의 통화선물계약 체결로 2006년 4월까지 20억달러 이상의 수익 달성
2004.	아내 수전이 구강암 치료 후 뇌졸중으로 사망.
2006.6.26.	재산의 85%에 해당하는 370억달러를 5개의 자선단체에 순차적으로 기부하겠다고 발표. 그중 6분의 5를 빌 & 멜린다 게이츠 재단 등 자선단체에 기부하기로 하고 기부약정서 서명. 오랜 동반자였던 애스트리드와 재혼.
2007.	배런스는 버크셔해서웨이를 세계에서 가장 존경받는 기업으로 선정. 한국 방문한 해.
2008.	포브스 선정 보유재산 620억달러로 세계 최고 부자로 선정. 2위는 멕시코 통신재벌인 카를로스 슬림, 3위는 마이크로소프트 회장인 빌 게이츠.
2019.	포브스 선정 세계 갑부 순위에서 아마존의 제프 베이조스, 빌 게이츠에 이어 3위 차지. 애플의 3대 주주, 코카콜라의 최대주주이다.

Ⅱ. 워렌 버핏에게 배우는 부의 비밀 7가지

"다른 사람들이 욕심을 부릴 때 두려워하고 다른 사람이 두려워할 때 욕심을 부려라"

1. 최고의 투자전략

"어떤 자산에 가장 많이 투자해야 하는가?"

"당신이 할 수 있는 최선의 투자는 당신 자신이다."

자신에게 하는 투자는 세상 어느 누구도 빼앗거나 훔칠 수 없다. 세금도 매길 수 없고 물가가 오른다고 해서 화폐가치가 떨어지지도 않는다. 이것은 평생 동안 우리의 소유이다.

2. 매일 500쪽을 읽어라

"당신처럼 되려면 무엇부터 하면 될까요?"

책과 신문을 한가득 꺼내놓고, "매일 500쪽씩 읽으세요, 그것이 지식이 작동하는 방식이며 복리이자처럼 축적됩니다. 모두가 할 수 있지만 대부분은 안 하는 방법이죠."

3. 제거의 힘

버핏의 전용기를 10년 동안 몰던 조종사가 이렇게 물었다.

"어떻게 하면 목표를 이룰 수 있을까요?"

그러자 워렌 버핏은 조종사에게 이번 생에 이루고 싶은 목표 25가지를 적어오라고 시켰다. 이내 조종사가 25가지 목표를 다 적어왔고, 버핏은 그중에서 가장 중요한 5가지에 동그라미를 치라고 했다. 조종사가 어렵게 5가지를 골라 동그라미를 치며 나머지 20가지도 정말 중요한 것이기 때문에 틈틈이 이루도록 노력하겠다고 말하자 버핏은 5가지 목표를 달성하기 전까지는 나머지 목표는 거들떠보지 말라고 호통쳤다. 우리는 불필요한 일들을 과감하게 제거해야 한다. 그럼 가장 중요한 일에 모든 것을 쏟아 부을 수 있다.

4. 의사소통 능력을 키워라

워렌 버핏은 야후 파이낸스의 수석 에디터와의 인터뷰에서 이렇게 말했다.

"먼저 의사소통 능력을 키워라. 글을 통해서나 직접 만나서 대화하는 기술을 키우는 건 당신의 가치를 50% 이상 상승시킬 것이다."

워렌 버핏은 젊은 시절 대중 연설을 극도로 싫어했으나 성공하려면 의사소통 능력이 필요하다는 것을 알았다. 결국 그는 대중 연설 코스에 등록하였고, 대중연설에 대한 두려움을 깰 수 있었다.

5. 더 나은 사람들과 함께 해라

"더 나은 사람들과 함께 시간을 보낸다면 그 사람들처럼 행동하게 될 것이고, 당신보다 좋지 않은 사람들 주변에서 시간을 보낸다면 당신은 아래로 추락하기 시작할 것이며 그게 세상이 돌아가는 방식이다."

6. 소음을 무시하라

워렌 버핏은 투자할 때 너무 많은 정보는 독이라고 말하며 하루 종일 주식시장을 확인하고 뉴스를 듣는 행위는 도움이 되지 않고 투자가 감정적으로 변할 수 있다고 충고한다. 투자는 감정을 자극한다. 누구도 미래의 주가가 어떤 방향으로 움직일지 알 수 없다. 결국 최선의 전략은 시장이 아무리 요동칠지라도 냉정한 판단을 유지하는 것과 자신만의 길을 가는 것이다.

7. 위기가 닥쳤을 때 실력이 드러난다

모든 것이 잘 풀릴 때는 안 좋은 요소들이 잘 보이지 않는다. 물이 가득 찬 수영장에서는 누구나 우아하게 수영하는 것처럼 보이지만 수영장의 물이 다 빠져나가고 나면 누가 발가벗고 있는지 훤하게 알 수 있을 것이다. 위기가 닥쳤을 때 비로소 투자자의 진짜 실력이 드러난다.

Ⅲ. 워렌 버핏이 오마하의 현인으로 불리는 4가지 이유
(워렌 버핏의 기업가정신)

1. '가치 투자'의 귀재

워렌 버핏의 '현명함'은 그의 직업적 성취를 떼어놓고 말할 수 없다. 성공적인 투자회사 운영자로서, 워렌 버핏은 '가치 투자의 귀재'로 일컬어진다. 가치 투자란 단기적 시세차익을 무시하고 기업의 내재가치와 성장률에 주목해 우량기업의 주식을 사서 수십년간 보유하는 투자방식이다.

워렌 버핏의 '가치 투자'는 이른바 굴뚝산업의 대표기업들에 대한 투자로 이어졌다. 버크셔 해서웨이는 코카콜라, 아메리칸 익스프레스, 질레트, 워싱턴 포스트 등의 주식을 사서 장기 보유하며 최대주주로서 경영권을 행사하는 동시에 수익을 내고 있다.

워렌 버핏은 1990년대 후반 벤처붐이 일면서 기술주의 주가가 치솟을 때 "수익성이나 성장성이 검증되지 않았다"며 투자를 거부하고, 여전히 철도 등 굴뚝산업에만 투자를 고집해 화제가 되기도 했다.

워렌 버핏의 투자 철학은 아래와 같다.

"돈을 벌기 위한 첫째 원칙은 절대 돈을 잃어서는 안 된다는 것이다. 둘째 원칙은 이 첫째 원칙을 절대 잊지 말아야 한다는 것이다."

버핏은 연평균 20% 투자 수익률을 목표로 투자를 했는데 45년에 걸쳐 연평균 약 30%에 가까운 기록적인 투자 수익률을 올렸다. 50% 이상의 수익률을 올린 해는 한 번도 없었지만, 버핏은 세계 두 번째의 부자가 됐다.

2. '부자'답지 않은, 소박한 세계 두 번째 부자의 삶

버핏의 '현명함'은 그의 독특한 생활 태도에서도 나타난다. 세계 2위의 거부이지만, 버핏의 생활방식은 전형적인 부자의 라이프 스타일과는 차이가 크다. 버핏은 운전사나 경호원을 데리고 다니지 않으며, 2001년식 중고 링컨 타운카를 손수 몰고 다닌다. 버핏은 평소 12달러짜리 이발소에서 머리를 깎고 20달러가 안 되는 스테이크를 즐겨 먹으며, 1958년에 구입한 3만1000달러(약 2,970만 원)짜리 집에 살고 있는 것으로 유명하다.

버핏은 자신의 검소한 태도만이 아니라, "많은 돈은 자식을 망친다"는 확고한 신념을 갖고 있었다. 재산 대부분을 자선단체에 기부한 것과 관련해 버핏은 3명의 자녀들이 "내 자녀들은 미국의 99%의 아이들에 비해 이미 훨씬 많은 것을 누리고 있다"면서 "그들은 내가 차지하는 위치를 물려받지 않을 것이며 나는 왕조적 부가 만들어져서는 안 된다고 믿는다"라고 말했다. 버핏은 "내 자녀들은 이미 잘살고 있으며 자신들을 행운아라고 생각하고 있다"라며 "(내 자녀들은 유산상속에 대해) 아버지가 다른 견해를 가졌다면 더 행복했을 것이라고 생각지 않는다"라고 말했다.

3. 370억달러의 재산, 조건 없는 '기부'

워렌 버핏의 '현인'으로서의 태도는, 자신의 재산 대부분을 자선재단에 기부하는 것에서 두드러졌다. 더욱이 그는 자신의 이름을 딴 재단 대신, 이미 성공적으로 운영되고 있는 다른 자선재단에 조건없이 기부하기로 했다.

워렌 버핏은 26일 재산의 85%에 해당하는 370억달러를 '빌 & 멜린다 게이츠 재단' 등 자선재단에 기부하기로 하고, 기부약정서에 서명했다. 버핏은 게이츠 재단과 다른 자선단체에 보낸 편지에서 이번 기부 약속이 "파기할 수 없는 약속"이란 점을 분명히 했다.

빌 게이츠 부부의 이름을 딴 '빌 & 멜린다 게이츠 재단'은 이미 291억달러의 자산을 가진 미국 내 최대 자선재단으로, 버핏의 기부금 300억달러가 더해지면 이 재단은 자산규모 600억달러에 이르는 초거대 재단으로 탈바꿈한다. 게이츠 재단은 주로 에이즈, 말라리아, 결핵 퇴치 등 저개발국의 질병을 퇴치하는 데 많은 노력을 쏟아왔다.

〈포춘〉은 "버핏과 빌 게이츠는 1991년부터 친한 친구 사이로, 빌 게이츠는 재산의 사회 환원이란 영감을 버핏으로부터 받았다"고 말하고 있다고 보도했다.

재산의 95%를 사회에 환원하며 미국에 기부문화를 정착시킨 철강 재벌 앤드루 카네기는 "죽은 뒤에도 부자인 것처럼 부끄러운 일은 없다"라는 말을 남기며 스스로 기부를 실천한 바 있다.

4. 한때 부자였던 '현인'의 진짜 기여, "상속세 폐지 시도는 혐오스러운 일"

워렌 버핏의 '현인'으로서의 진짜 면모는, 자신의 재산을 내놓는 것을 넘어 일부 부유층을 중심으로 일고 있는 '상속세 폐지' 시도에 대한 강한 질타에서 확인됐다. 상속세 폐지로 가장 큰 혜택을 볼 수 있는 부자들이 앞장서서 "상속세 폐지야말로 혐오스러운 일"이라고 앞장서서 외치는 것은 부자들이 수십억달러에 이르는 자신의 전 재산을 내놓는 것 이상의 '사회적 기여'라고 볼 수 있다.

버핏은 조지 부시 미 대통령이 추진하고 있는 '상속세 폐지' 시도에 대해 다시금

강한 비난을 퍼부었다.

버핏 회장은 26일 뉴욕 공립도서관에서 빌 게이츠 마이크로소프트 회장 부부 등이 참석한 가운데 열린 기부 약정식과 이어진 공동 기자회견에서 상속세 폐지 시도를 혐오스런 행위라고 규정하며 미국의 상속세를 현행대로 유지할 것을 촉구했다.

버핏은 "상속세는 매우 공정한 세금이라면서 기회균등의 이상을 유지하고 부유층에게 특혜를 주지 않기 위해서도 상속세는 필요하다"라고 역설했다.

버핏은 유산보다 성과에 의해 성공할 수 있는 사회를 만들어야 한다고 주장해왔다. 상속세를 철폐하려는 부시 대통령의 시도에 대해 "이는 2000년 올림픽 금메달리스트의 자녀들로 2020년 올림픽 팀을 뽑는 것처럼 어처구니없는 일"이라고 비판한 바 있다.

한편 한국의 보수언론들은, "법대로 세금 내고 상속하겠다"라는 '선언'을 한 신세계와 삼성그룹을 향해서 "상속세를 없애거나, 세율을 내려야" 한다는 주장을 사설과 칼럼으로 싣고 있다. 한국에서 상속세를 내는 사람은 국민의 0.7%에 해당하는, '혜택받은' 사람이라는 것을 명심해야 할 것이다.

Ⅳ. 워렌 버핏의 명언

썰물이 빠졌을 때 비로소 누가 발가벗고 헤엄쳤는지 알 수 있다.
(It's only when the tide goes out that you discover who's been swimming naked)

가격은 우리가 내는 돈이며, 가치는 그것을 통해 얻는 것이다.
(Price is what you pay. Value is what you get)

우리는 다른 사람이 욕심을 낼 때 겁을 내려 하고, 다른 사람이 겁을 낼 때만 욕심을 부리곤 한다.
(We simply attempt to be fearful when others are greedy and to be greedy only when others are fearful)

비즈니스계에서는 백미러가 앞 유리보다 항상 더 선명하다.
(In the business world, the rearview mirror is always clearer than the windshield)

오늘 누군가가 그늘에 앉아 쉴 수 있는 이유는 오래전에 누군가가 나무를 심었기 때문이다.

(Someone's sitting in the shade today because someone planted a tree a long time ago)

습관의 사슬은 너무 가벼워서 깨지기 전까지는 느껴지지 않는다.

(Chains of habit are too light to be felt until they are too heavy to be broken)

위험은 자신이 무엇을 하는지 모르는 데서 온다.

(Risk comes from not knowing what you're doing)

| 나의 기부 서약서 전문(My philanthropic pledge-Warren Buffett) |

　2006년, 저는 보유하고 있는 버크셔 해서웨이 주식의 전부를 단계적으로 자선단체에 기부하기로 결정하였습니다. 전 그 결정에 매우 행복하지 않을 수 없습니다. 그리고 이제는 빌과 멜린다 게이츠(빌 게이츠와 그의 아내)와 제가 전 재산의 최소 50%를 사회에 기부하라고 수백 명의 미국인 부호들에게 요청을 드리고 있습니다. 그래서 이 서약을 통해 다시 한 번 이러한 부탁을 드리는 의도와 생각을 설명하고자 합니다.

　제 서약은 다음과 같습니다.

　제 일생 또는 죽은 후에 전 재산의 99%를 자선단체와 사회에 환원하도록 하겠습니다. 절대적인 돈으로 환산을 하면 제 전 재산의 99%는 큰 액수입니다. 하지만, 상대적으로 보면 많은 일반인들이 매일매일 이보다 더 많은 걸 사회에 기부하고 있습니다. 수백만 명의 미국인들과 전 세계인들이 정기적으로 교회, 학교 또는 다른 자선단체에 기부를 하고 있습니다. 누가 이들한테 그러라고 시킨 것은 아닙니다. 이들은 그 돈을 사회에 기부하지 않고 본인들과 가족들이 잘 먹고 잘 사는 데 사용해도 그만입니다. 하지만, 그들은 기부라는 용감한 결정을 하였습니다. 이들이 구세군이나 United Way와 같은 비영리 단체에 아무런 조건없이 기부하는 재산은 바로 영화 관람이나 외식과 같은 여가생활을 스스로 포기하였다는 것을 의미합니다. 부끄럽게도 저는 제 재산의 99%를 기부하여도 저희가족은 아직도 하고 싶은 모든 것을 할 수가 있습니다. 또한, 이 서약을 실행하여도 저는 제 가장 소중한 자산인 '시간'을 기부하지는 않습니다. 제 자식들을 비롯한 많은 사람들은 그들의 가장 소중한 자산인 시간을 투자하면서까지 남들을 돕고 있으며, 이러한 노력들은 제가 기부하는 전 재산의 99%보다 훨씬 더 값어치가 있다고 생각합니다. 불우한 환경에서 자란 어린이들이

든든한 후견인을 만나서 우정과 사랑을 배우면서 훌륭한 사람으로 성장하는 걸 우리는 주위에서 너무나 많이 봤습니다. 제 누님인 도리스 여사 또한 매일매일 그녀의 소중한 시간을 투자해서 이러한 사랑을 실천하고 있습니다. 이에 비해서 제가 하고자 하는 건 미비하다고 생각됩니다.

하지만, 제가 할 수 있는 것은 바로 제가 가지고 있는 버크셔 해서웨이 주식을 – 돈으로 환산을 하면 막대한 자원을 획득하고 사용할 수 있는 – 운이 없게도 가난하고 불행하게 태어난 사람들을 위해서 사용하는 것입니다. 지금까지 제가 가지고 있는 주식의 20%는 이미 사회에 기부가 되었습니다(이제는 고인이 된 제 부인 수잔 버핏의 몫까지 합쳐서). 해매다 저는 주식의 4%를 지속적으로 기부할 예정입니다. 모든 주식이 기부된 후 늦어도 10년이면 이 주식들이 현금화되어서 남을 돕는 데 사용될 겁니다. 제 재산의 1달러도 기금(endowment)을 위해서는 사용하지 않을 것입니다. 저는 제가 힘들게 번 돈이 지금 당장 해결되어야 하는 현실적인 문제를 해결하는 데 사용되는 것을 원합니다. 이 서약으로 인해서 저와 제 가족들의 생활이 바뀌는 점은 없습니다. 제 자식들은 이미 저한테 많은 재산을 물려받았으며, 앞으로도 더 물려받을 것입니다. 덕분에 그들은 매우 편하고 생산적인 삶을 즐기고 있습니다. 저 또한 제가 하고 싶은 모든 걸 할 수 있는 그런 삶을 계속 살아갈 예정입니다. 저도 인생의 물질적인 즐거움을 즐기면서 살고 있지만, 그렇다고 모든 걸 즐기지는 않습니다. 비싼 전용기를 좋아하지만, 미국 전역에 부동산과 집을 가지는 건 오히려 더 불편하다고 생각을 합니다. 때로는 너무 많은걸 소유하게 되면 사람이 돈을 관리하는 게 아니라 돈이 사람을 관리하게 됩니다. 건강 외에 제가 가장 소중하게 여기는 재산은 바로 흥미 있고, 다양하고, 오래 사귈 수 있는 친구들입니다. 제가 지금까지 부를 축적할 수 있었던 이유는 미국인으로 태어나서 미국에서 살 수 있었던 점, 운이 좋은 유전자와 복리(compound interest) 덕분입니다. 저와 제 아이들은 소위 말하는 "자궁 로또(Ovarian Lottery)"에 당첨된 겁니다(제가 태어났던 1930년도에 미국이라는 나라에서 신생아가 태어날 확률은 30 대 1이었습니다. 제가 백인 남자로 태어날 수 있었던 사실 덕분에 그 당시 많은 미국인들을 괴롭히던 장애들을 경험하지 않고 그냥 넘어갈 수 있었습니다). 제 행운은 거기서 그치지 않고 전반적으로는 미국을 잘 굴러가게 하지만 가끔씩은 예상치 못한 결과를 생성해주는 시장의 시스템 덕분에 배가되었습니다. 미국 사회와 경제는 참으로 재미있습니다. 전쟁터에서 동료들의 목숨을 구하면 훈장으로 보상을 하고 미래의 주역을 가르치는 우수한 선생님들은 부모님들의 감사장(thank-you note)으로 보상을 받지만, 잘못된 주식의 가격을 남보다 더 빨리 발견하는 사람들은 수십 조 원의 돈으로 보상을 합니다. 바로 저는 이런 사회에서 살고 있습니다. 간단하게 말하면,

> 운명의 여신은 매우 변덕이 심한 여신인가 봅니다. 이 서약을 하는 이유는 바로 이런
> 사회의 시스템을 이용해서 돈을 벌 수 있었던 제 죄책감 때문이 아니라, 바로 저와 제
> 가족의 고마움을 표시하는 것입니다. 우리가 재산의 1% 이상을 우리를 위해서 잘 먹
> 고 잘 살기 위해서 사용한다고 해서 저희 생활의 질이 눈에 띄게 좋아지지는 않습니
> 다. 하지만, 이와는 반대로 제가 사회에 기부하는 제 재산의 99%는–98%에 비해서–
> 남들의 건강과 복지에 막대한 영향을 미칠 것이라 믿고 있습니다. 이러한 생각으로
> 인해서 저와 제 가족들은 자연스럽게 다음과 같은 생각을 하게 되었습니다. 우리가
> 필요한 만큼만 갖고, 그외 나머지는 사회가 필요로 하는 일들을 위해 환원하자. 바로
> 이 서약과 함께 시작합니다.

버핏은 지난 2006년 버크셔 해서웨이 지분 85%를 기부하겠다고 약속했으며, 대
부분 게이츠 재단에 기부금이 전달됐다. 그는 지난해에도 31억7000만 달러의 가치
가 있는 주식을 기부했다. 2006년부터 2018년까지 기부한 누적액은 총 310억달러
(약 35조원)에 달한다.

버핏은 코로나로 주가가 폭락하여 대규모 투자손실이 일어났음에도 자신의 투자
회사 버크셔 해서웨이 주식 29억달러어치(약 3조 8천억원)를 자선단체에 기부했다.
지금까지 44조 원에 달하는 금액을 기부해온 것으로 알려져 있다.

워런 버핏, 3조 8000억 또 기부⋯지금까지 44조 기부했다.

https://www.hankyung.com/international/article/202007099746i

V. 버핏과의 '마지막' 점심, 역대 최고가 246억원에 낙찰

낙찰자는 버핏과 뉴욕 스테이크 전문점에서 식사, 내년부터 행사 중단

워런 버핏 버크셔 해서웨이 회장과의 점심식사 경매가 1900만달러(약 246억원)에
낙찰됐다. 2022년 6월 17일(현지시각) 로이터와 블룸버그통신 등에 따르면 버핏과의
점심식사 경매는 종료 직전 경매가격이 급등하면서 결국 1900만 달러에 낙찰됐다.
이는 역대 최고가로 이전 기록이었던 2019년 457만 달러(약 59억원) 대비 4배가 넘는
규모다. 버핏이 올해를 마지막으로 해당 행사를 종료할 것으로 알려진 것이 가격을

올리는 기폭제가 된 것으로 해석된다.

경매를 주관한 이베이에 따르면 지난 12일 시작된 이번 경매는 시작가격인 2만 5000달러(약 3200만 원)에서 출발해 이튿날에 200만 달러(약 26억원)로 치솟더니 결국 마지막 날 종료를 앞두고 역대 최고가를 갱신했다. 현재 낙찰자의 신원이 공개되지 않았지만 낙찰자는 동반자 7명과 함께 뉴욕 맨해튼의 유명음식점인 '스미스 앤드 월런스키'에서 버핏과 점심을 먹게 된다. 한편 버핏은 지난 2000년부터 점심식사 경매를 진행해 왔으며 매년 행사 낙찰액을 샌프란시스코 빈민구호단체인 글라이드 재단에 기부해왔다.

워렌 버핏 버크셔 해서웨이 회장과 점심을 먹을 수 있는 가장 확실한 방법은 1년에 한 번 열리는 '워렌 버핏과의 점심 식사' 경매에 입찰해 낙찰받는 것이다. 다만 낙찰받기 위한 비용은 보통 30~50억원 정도였으며, 최고 낙찰가는 2019년 중국 가상화폐 트론(TRON) 창업자인 저스틴 선이 써낸 456만 7,888달러(약 57억원)다. 종전 최고 기록인 346만 달러(약 43억원)를 한참 웃도는 액수이다.

생각노트

느낀점·나의 성공 아이템·아이디어 노트·성공을 위한 나의 노력

최종현의 기업가정신

"도전하는 자가 미래를 지배한다"

Chey Jong-hyon
최종현

Ⅰ. 약 력

1929.11.20. 경기도 수원시 평동 7번지에서 8남매 중 차남으로 출생.

1938. 수원 세류동의 세류공립 심상소학교 입학.

1944.2. 수원 세류공립초등학교 졸업.

1944. 동성상업학교 입학.

1948.2. 졸업과 동시에 경기공업학교 입학, 중퇴 후 바로 수원농림고등학교에 편입. 해방된 조국 땅을 세계 최고의 농업국가로 만들어보겠다는 결심함.

1950.3. 수원농림고등학교 졸업, 서울대학교 농과대학 농기계학과로 진학.

1954.5. 그의 나이 25살, 대학 3학년 재학 때 미국으로 유학. 미국에서 더 많은 공부를 하여 칼럼니스트나 무역업계에 진출 희망.

1956. 최종현의 형인 최종건이 적산불하로 선경 그룹인수.

＊귀속재산불하(歸屬財産拂下, disposal of vested property) 또는 적산불하(敵産拂 下, disposal of enemy property)는 광복 이후 일제 강점기 일본인들이 한국 내에 설립한 부동산 또는 반입 후 되가져가지 못한 동산 등의 자산을 미군정에서 미군정 법령으로 1945년 9월부터 몰수하여 미군정에 귀속한 귀속재산을 미 군정과 이승만 정부가 1947년부터 한국 내의 기업 또는 개인에게 불하한 정 책을 가리킨다.

1959.3. 시카고 대학원 경제학 석사학위 취득. 칼럼니스트나 국회의원 또는 무역계로의 진출을 위해 사회학 전반 공부. 박계희와 결혼.

1962.10.2. 아버지 최학배의 사망 후 학자금 문제로 11월 전보받고 귀국.

1962.11. 형 최종건이 운영하던 선경직물에 참여, 이사직 맡음.

1962.11.5. 선경직물 부사장에 선임.

1963. 정부의 수출실적 링크제 실시 발표. 그 해 홍콩에서 레이온 능직 3백만 마를 수주하는 데 성공하여 오랜 경영난 극복.

1970. 선경그룹 사장 취임.

최종현 회장과 1965년 선경직물 공채 1기로 입사한 손길승과의 관계: 1971년 성탄절 아침 대연각호텔 대형 화재 당시 손길승은 불이 꺼지기 도 전에 먼저 뛰어가 회사 장부를 챙겼다. 감동한 최 회장은 누구를 만

나더라도 "손길승은 나의 사업 동지"라는 말을 하고 다녔다. 다른 직원들도 듣고 배우란 의미였다. 그리고 젊은 사원들에게도 '유You'라는 호칭을 사용했다. 고용과 피고용의 관계가 아니라 일을 통해 맺어진 인간관계를 깊이 존중하겠다는 의미였다.

"이봐, 다른 그룹의 회장들 소위 성공했다는 경영자들이 말이야, 각기 자기 나름의 사장학(현재는 SKMS라고 말하고 있음)을 갖고 있어요. 그러나 그걸 남에게 가르쳐주려고 하지를 않아. 그렇지만 나는 달라. You(자네)들한테 내 사장학을 가르쳐주겠다는 거야. 모두들 이걸 배워서 다 사장 되면 얼마나 좋아. 그룹 내 회사의 사장이 되어도 좋고, 아니면 나가서 독립해 사장이 되어도 좋고…"라며 모두의 성공을 기원.

1971.	선경그룹 창업 이후 최초로 업무분담을 위한 인사 단행(선경직물을 경영합리화 방법으로 회생시키는 데 더 큰 목적을 둠).
1972.	서해개발 설립.
1973.11.15.	형 최종건이 급사하자 회장으로 추대.
1973.	선경합섬 대표이사 취임.
1973.2.	MBC문화방송의 〈장학퀴즈〉 후원자가 된 후, 장학사업 참여.
1974.	전년대비 71% 증가한 8600여 만 달러어치 원사 수출. 종묘판매업 등록. 사재 5540만원 출연해 한국고등교육재단 출범.
1975.	최종현 회장의 신년 인사에서 '석유에서 섬유까지'라는 제2의 창업 선포.
1980.	박봉환 동력자원부 장관은 선경이 대한석유공사(유공)의 최종 인수자가 되었음을 발표. 유공을 인수한 후 3년간의 성공적인 경영성과를 토대로 '석유에서 섬유까지'로 수직계열화를 보다 심화함(석유화학 콤비나트 건설에 필요한 대단위 투자를 확대).
1982.7.	대한석유공사를 ㈜유공으로 변경. 유공이 필요로 하는 원유 및 기타 유류의 적정 안정 수급 체계를 확립할 목적으로 유공해운㈜ 설립. 경

영능률 극대화를 위하여 22개의 기업을 11개 기업으로 구조조정.

1984.7.   예멘의 마리브 유전 제1유정 개발 성공(매장량 3~4억 배럴).

1990.7.   한국이동통신 이외의 제2이동통신 사업사 선정을 위한 경쟁 입찰. 대
            한텔레콤(SK텔레콤) 1차 관문 통과. 그러나 2년 전 장남 태원이 대학 재
            학중 노태우 대통령의 딸 노소영과의 결혼으로 온갖 특혜 의혹 난무.
            결국 1992년 말 손길승 대한텔레콤 사장이 기자회견을 열어 사업을 포
            기하기로 하고, 다음 정권에서 객관적으로 실력을 인정받아 재추친하
            겠다는 의지 표명.

1991.6.15. 울산컴플렉스에서 제4정유시설을 비롯한 제2에틸렌 생산시설 등 9개
            의 신규 공장에 대한 합동준공식 거행(필름, 섬유 봉제에 이르는 완전 수
            직계열화를 이룩한 국내 최초의 기업).

1993.2.   한국경제계의 총수자리인 '전국경제인연합회 제21대 회장'에 취임.

1994.2.   김영삼 정부는 한국이동통신의 민영화 계획을 밝혔고, 제2이동통신
            사업자 선정을 전국경제인연합회로 이임함. 재도전의 기회가 왔지만,
            당시 전경련 회장이었던 최종현은 "선경이 사업권을 따내면 재계의 화
            목이 깨지고 또 특혜시비가 붙지 않을까"하는 고민에 쌓이게 되었다.
            이에 회장단은 다시 한 번 제2이동통신 사업권을 포기하고 대신 한국
            이동통신을 인수하겠다는 결단을 내렸다. 선경은 주식 경쟁 입찰에 참
            여해 주당 8만 원 하던 주식을 33만 5천 원에 사들였다. 이를 이해할 수
            없다는 임원들에게, "우리가 얼마나 이동통신사업을 하기 위해 노력해
            왔나. 회사의 가치는 더욱 키워가면 되잖아"라며 10년을 준비해 온 미
            래사업인 SK텔레콤은 이렇게 탄생하게 된 것이다.

1998.   선경그룹이 SK그룹으로 명칭 변경.

1998.8.26. 광진구 광장동 자택에서 폐암으로 사망. 향년 69세.

Ⅱ. 최종현의 기업가정신

1) 도전주의 정신: 도전하는 자가 미래를 지배한다
2) 신념주의 정신: 아무리 어려운 일이라도 하면 된다
3) 조정 · 협동주의 정신: 동적 요소가 되는 협동과 조정의 정신
4) 소통주의 정신: 의견일치나 일체감 형성에 이르는 의사전달
5) 혁신주의 정신
연구개발혁신, 마케팅혁신, 인력관리혁신, 생산관리혁신, 정보관리혁신

※ 경영자질 문제
① 패기: 일과 싸워서 이기는 기질
② 경영지식: 경영기본이념과 경영관리요소
③ 경영에 부수된 지식: 생활과학과 외국어에 관한 지식
④ 사교자세: 대인관계에 있어서 이성과 자제력이 필요
⑤ 가정 및 건강관리: 원만한 가정생활과 양호한 건강상태유지

Ⅲ. SK의 발전 방향 및 가치 추구

1. SUPEX를 통한 발전방향

　SUPEX란, 남들보다 더 높은 목표를 잡고, 목표를 위해 더 많은 노력을 하는 SK 만의 경영 방식입니다. SUPEX는 SK의 경영관리체계인 SKMS(Sunkyong Management System)의 구체적인 실천방법론으로 1989년에 처음 도입됐는데요. 더 나은 회사, 더 나은 자신이 되기 위해 인간의 능력으로 도달할 수 있는 최고의 수준인 Super Excellent Level(SUPEX)을 목표로 설정하고, 이를 위해 모든 부분에서 전력을 다하는 것을 말합니다. 가능성이 1%밖에 안 되는 것에 99%의 노력을 더해 100%까지 가도록 하는 것이 SUPEX 추구법입니다. '안 된다'하고 포기하는 것과 '된다'하고 노력을 거듭하는 것이 '상식'과 'SUPEX 추구'의 차이입니다.

- 최종현 SK그룹 선대 회장 -

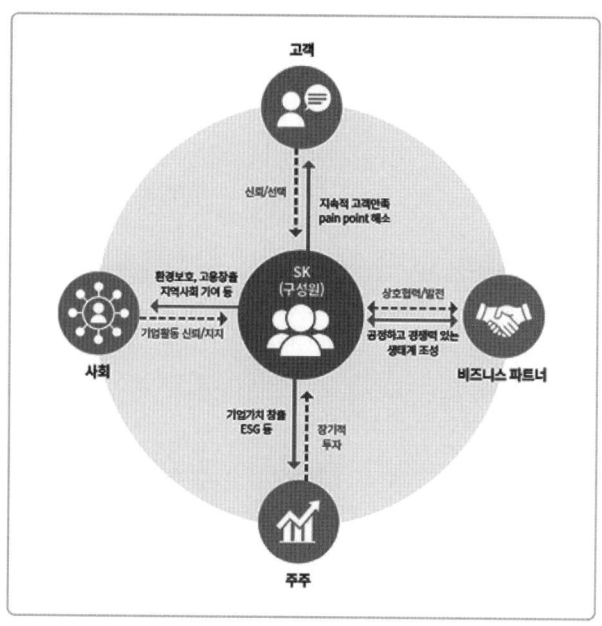

ttps://www.sk.com/ko/about/skms.jsp#skms−cont02−AREA

2. VWBE를 통한 SUPEX 추구

구성원 전체 행복을 지속적으로 키워나가면 구성원 개인의 행복이 더 커질 수 있다는 것을 믿고 실천할 때 구성원은 자발적(Voluntarily)이고 의욕적(Willingly)인 두뇌활용(Brain Engagement)을 하게 됩니다. 즉 VWBE한 구성원은 SUPEX 추구를 통해 구성원 행복과 이해관계자 행복을 지속적으로 창출해 나갑니다. SUPEX는 Super Excellent Level 의 줄임말로 인간의 능력으로 도달할 수 있는 최고의 수준을 의미합니다.

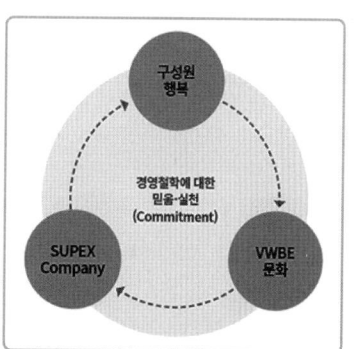

https://www.sk.com/ko/about/
skms.jsp#skmsPopup03

SK는 VWBE 문화를 조성하고 SUPEX Company 목표와 전략을 수립/실행하여 구성원의 지속적 행복을 창출하고 있습니다.

구성원 행복 VWBE문화 SUPEX Company로 이뤄지는 행복의 선순환을 통해 SK는 지속적으로 행복을 창출하는 공동체로 발전해 나갑니다.

생각노트
느낀점·나의 성공 아이템·아이디어 노트·성공을 위한 나의 노력

정석 조중훈의 기업가정신

"사업에는 정확한 판단 능력과 함께 무엇보다 타이밍이 중요하다"

Cho Choong Hoon

조중훈

Ⅰ. 약 력

1920.2.11.	경기도 인천부 항동에서 조명희와 태천즙 사이의 4남 4녀 중 차남으로 출생. 미동공립보통학교 졸업. 휘문고등보통학교 졸업. 진해고등해원 양성소 수료. 일본 고베에 있는 후지무라(藤村) 조선소의 수습생으로 취직.
1940.	2등 기관사 자격증 취득. 홍콩, 마카오, 필리핀 등지 다님.
1942.	귀국 후 보링기계 1대 구입 후, "이연공업사"라는 자동차 정비업체 설립. 성공 거둠.
1943.	총독부의 "기업정비령"에 따라 일본의 군수업체 마루베니(丸紅)사에 이연공업사를 강제로 빼앗김.
1945.11.	이연공업사 정리할 당시 모은 돈으로 트럭 1대를 사서 인천에 운수업체인 한진상사 창업. 미8군 사령관 부인의 고장난 차량을 수리한 것을 계기로 미군부대에서 나오는 폐차를 제게 주시면 그것을 수리해서 사용하고 싶다고 말했고, 그 차들이 현재의 한진의 땅길, 하늘길, 바닷길을 개척하는 기반이 됐다.
1947.	교통부(현 국토교통부) 장관으로부터 화물자동차 운송사업 면허 취득.
1953.	인천으로 돌아와 재건.
1957.	주한 미8군과 7만 달러짜리 군수물자 수송계약 체결. 이후 연평균 300%씩 급성장, 한진상사는 미군 운송권 독점. 미군 겨울 군복 운송중 도난 사건 발생. 운송 트럭 운전사가 트럭과 군복을 모두 남대문 시장에 팔아치우고 잠적하자, 이에 3만 달러를 융통하여 분실된 겨울 군복을 웃돈을 주고서라도 전부 회수한 후 이상 없이 납품하였다. 이후 이 사실을 알게 된 미군으로부터 신뢰를 얻게 됨. 이후 미군 물류 운송권을 확보하고 물류기업으로 성장하는 기반을 잡음.
1960.	한국항공이라는 민간 항공회사를 세워, 최신형 기종인 40인승짜리 콘베어 240기와 경비행기 세스나 180기를 사서 서울~부산 간 노선 취항 및 에어택시 사업으로 호황을 누림. 또 한해 계약고만 200만 달러, 용차를 포함한 가용차량이 500대에 이르는 기업으로 성장.

1961.8.	한진관광 창업(주한미군 통근버스 20대를 구입하여 서울~인천 구간에서 한국 최초의 '좌석버스' 사업 시작).
1965.	베트남 전쟁 때 초대 한국용역군납조합 이사장으로 취임.
1966.	파병되는 미군과 군수물자 수송 계약 체결.
1967.	대진해운(한진해운 전신)을 창업. 삼성그룹으로부터 동양화재도 사들여 금융업 개업.
1968.	학교법인 인하학원 인수.
1969.	박정희 대통령의 권유로 당시 부실 상태인 대한항공공사를 인수해 '대한항공'이란 명칭으로 변경하며 민영화함. 당시 27억원의 빚을 모두 떠안는다는 조건하에 인수대금 14억 5,300만 원을 주고 대한항공공사를 인수. 먼저 국내선에 일본산 여객기인 YS-11기를 사들인 뒤 서울~사이공(현 호치민) 노선 취항. 이후 아시아 최하위 항공사에서 최상위 항공사로 도약(화물수송분야 세계 1위, 여객수송 분야 세계 13위, 2019년 현재 국제항공운송협회(IATA; International Air Transport Association)의 상임위원회 위원으로 선정되었고, 2021년 6월 국제항공운송협회(IATA · International Air Transport Association) 연차 총회를 주관하게 되면서 국내 항공 산업의 위상 제고).
1971.	대한항공 미주노선 취항.
1977.5.	대진해운 해체하고 컨테이너 전용 해운사인 한진해운 설립.
1980.	동아통운 합병으로 육로수송 확대.
1981.	중동 붐으로 사우디아라비아 화물 운송사업 개시.
1982.	쿠웨이트 화물 운송사업 개시.
1983.	국내 운송업 최초로 연안 해운 수송업 개시.
1987.	대한선주 인수.
1988.	대한조선공사 인수. 한국항공대학교, 인하대학교 등 인수해 정석학원 설립. 국내 최초로 한진 산업대학 개설.
1989.	인천~부산행 연안 화물수송 개시.
1990.	인천~대전~대구~부산 연안 화물수송 개시.
1992.	한진택배 설립으로 택배 운송업 개시. 우등고속버스 운행 개시.

1997.	한진 국제택배 10대 도시 특급서비스 개시.
1999.4.	상하이 KAL기 추락사고에 책임을 지며 대한항공 대표이사 회장직을 조양호에게 넘김.
2001.	인천국제공항 개항으로 공항 내 한진택배 카운터 개설.
2002.11.17.	인하대 의대 부속병원에서 사망.
2008.1.23.	일반적인 항공사(Full-Service Carrier, FSC 혹은 Legacy Carrier)가 아닌 저비용 항공사(Low Cost Carrier, LCC)로 대한항공이 100%로 출자해 ㈜진에어 법인 설립
2008.7.17.	김포-제주 노선을 시작으로 운항 시작.

2019.6.2. 서울 코엑스에서 열린 국제항공운송협회(IATA) 제75차 연차총회 〈알렉산드르 드 주니악 IATA 사무총장 겸 최고경영자, 김현미 국토교통부 장관, 총회 의장 조원태 대한항공 사장〉

Ⅱ. 한진 기업 가치관

"사업은 감각이고 타이밍이다"

"신용은 평소에 쌓는 것이다"

"기업은 곧 인간이며 중요한 것은 인화"

"지고 이기는 길"

"낚싯대를 여기저기에 늘어놓지 않는다"

"사업은 예술"

한진그룹

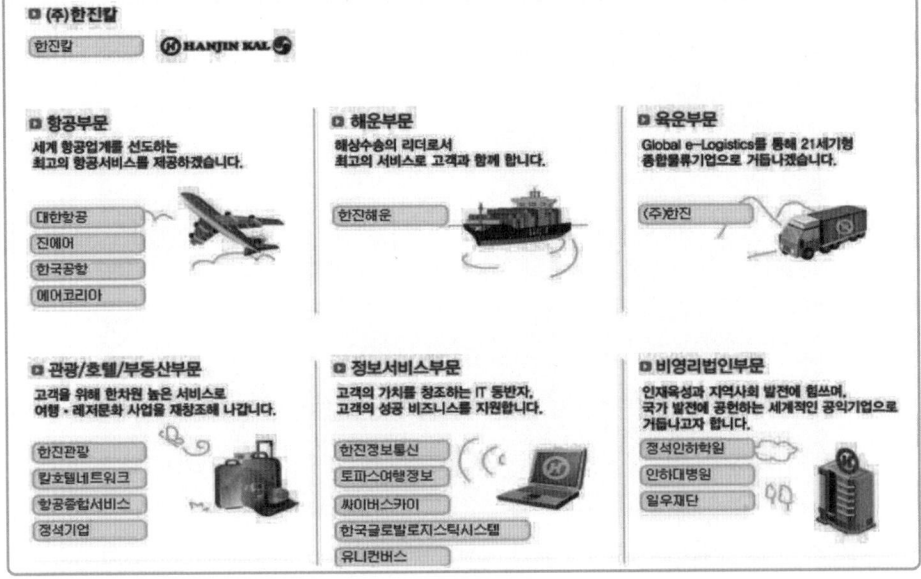

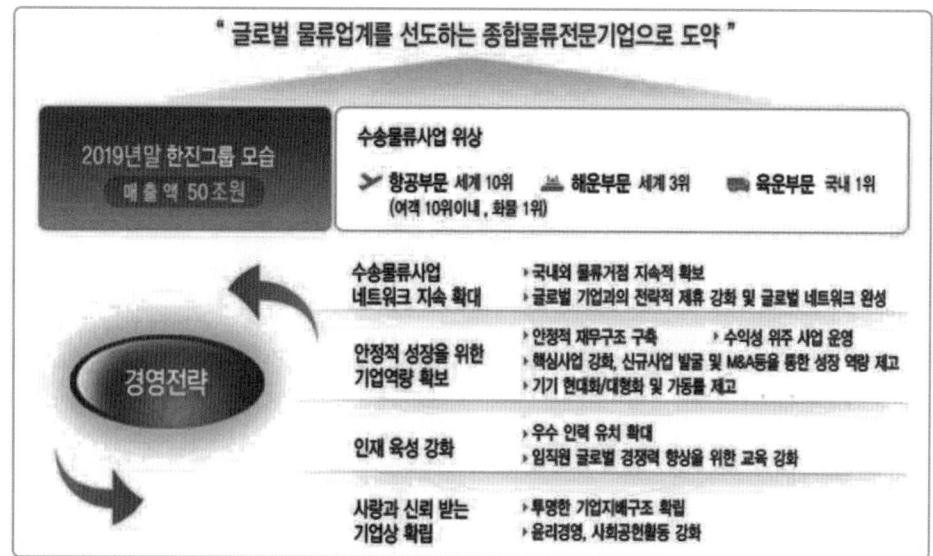

Ⅲ. 조중훈의 기업가정신

1. 예술주의 정신

1) 땅과 바다와 하늘의 길

남이 다져놓은 사업에 뛰어들지 않고 스스로의 창의로 사업을 개척함을 신조로 삼았으며 국내에서 돈을 번 것이 아니라 해외로부터 달러를 획득해서 규모를 키워온 국제기업인이라고 말하고 있다.

2) 맨손으로 창업

맨손으로 창업을 했기에 남들보다 더 많이 뛰어야 했으며, 문제가 발생하여 고뇌에 빠질 때 밤을 지새며 눈물을 삼키던 기억도 생생하다고 80세의 조중훈은 회고하고 있다.

3) 한진그룹을 존재하게 한 원동력

집념과 노력, 신용을 바탕으로, 미래를 내다보며, 기회를 놓치지 않는 센스와 결단을 지니고 있다.

4) 사업의 예술주의

기업가도 예술가적인 신념과 노력으로 모든 사업에 전념한다는 그 자체가 기업 활동을 예술로 표현할 수 있다는 것이며, 훌륭한 예술작품은 균형과 조화, 그리고 창의를 통하여 기대할 수 있듯이 기업경영도 마찬가지라는 것이 그의 경영철학이다.

2. 신념주의 정신

1) 수송 외길 반백 년을 신념의 힘으로 성공

조중훈은 해방과 더불어 50년간 오직 '수송 외길 반백년'을 '신념의 힘'으로 오늘의 한진그룹을 창업한 사업가이고, 기업은 사회적 책임주의의 공익정신이며, "사업보국주의를 공익목표로 삼아야 한다"라고 주장하였다.

2) 국익을 우선하는 경영이념 표명

한진그룹의 사훈이 "창의와 신념, 성의와 실천, 책임과 봉사"를 강조하고 있으며, 민간 외교의 사절로서 국가사업에 기여할 뿐만 아니라 한진을 정상의 위치로 끌어올렸다.

3) 사업은 예술이다-예술가의 돈과 철학이 담긴 경영자

'사업은 예술'이라고 하여 경영자의 독창적 경륜을 바탕으로 발전한 기업은 오랫동안 좋은 평가를 받게 된다는 생각을 가지고 있으며, 구제금융이나 받아야 하는 부실기업보다는 착실한 성장으로 납세의 의무를 다하고 사회복지증진에 기여하는 기업체라야만 진정한 존재가치를 지니는 것이라고 말했다.

3. 신용제일주의 정신

1) 신용에 얽힌 일화 한 토막

공사를 분명하게 구분하고 후일의 경계로 삼기 위해 그 직원을 해고하고 바로 채권자에게 정중히 사과했고, 신용의 값어치가 어떤 것인지 깨달은 그 채권자는 그의 신용제일주의에 감탄했다고 전해지며, 오늘날 한진그룹의 기업경영의 이념이 되었다.

2) 신용이 미국 펜타곤에 알려짐

미군 용역사업을 하면서 수송계통의 장교들의 고된 해외생활에 여러 가지 편의를 봐주며 큰 도움을 받았으며, 몸으로 터득한 신용도가 체험의 경영철학으로 오늘의 대그룹 한진을 이루었다고 보고 있다.

4. 국익우선주의 정신

1) 설득 끝에 협력기금차관 성사

1964년 정부로부터 일본에서 변통해 오는 사절로 나서달라는 요청을 받아들여 일본으로 건너간 후에 일본 각계에 협력을 요청하여 협력기금차관을 성사시켰다.

2) 국익우선주의 50년

우리 기업가들에게 국민경제의 건설에 이바지할 수 있는 기회가 왔다고 판단되면, 사업보국의 차원에서 기업을 경영하고 국익우선주의에 앞장서야 한다고 주장하였다.

3) 우리나라 비행기 타고 해외나들이

박정희 대통령은 "대통령 재임 기간 중에 별도의 전용기는 그만두고 우리나라 비행기를 타고 해외나들이를 해보는 것이 소망"이라는 것과 월남에서 휴가 나오는 우리 장병들이 외국 비행기를 탈 때, 사기 문제와 외화가 낭비되고 있다고 지적하여 정석은 국익우선주의 신념에 의하여 KAL의 인수를 결정하였다.

5. 인재중시주의 정신

1) 기업은 인간

기업은 인간이라는 극히 평범한 진리가 한진그룹의 경영이념이 되었고 사람의 중요성은 기업을 성장시키는 원동력이 되었음을 표명하고 있다.

2) 국제경쟁에서 이기는 길은 지식투자

전 직원에 대한 끊임없는 교육을 경영의 원천으로 삼아왔으며 많은 교육비를 직원의 지식투자에 지출해왔으며, 대한항공의 사내산업대학을 개설했다.

3) 평생교육과 평생직장 표방

대학교육을 받지 못한 직원들에게 대학교육과정을 이수할 수 있는 기회를 부여하여 직원들의 자기 계발을 유도하고, 노사화합 및 복지향상을 도모했다.

4) 인하대학과 항공대학 인수

국내 최초의 민간 조종사 양성과 사내 산업대학의 설립, 그리고 인하대학과 항공대학을 인수하여 인하학원으로 발전시켰다.

생각노트

느낀점·나의 성공 아이템·아이디어 노트·성공을 위한 나의 노력

장영신의 기업가정신

1972년 애경 대표이사에 취임해 책상 앞에 앉은 장영신 회장

"우리나라 최고의 여성 재벌을 꿈꾸지 않나요?"
"최고의 재벌보다는 최고의 명예를 가지고 싶다"

Young-Shin Jang
장영신

Ⅰ. 약 력

1936.7.22.	경기도 경성부 명륜정 1정목(현 서울특별시 종로구 명륜동 1가)에서 아버지 장회근과 어머니 문금조 사이의 4남 4녀 중 막내딸로 태어남.
1949.	서울 혜화초등학교 졸업.
1952.	경기여자중학교 졸업.
1955.	경기여자고등학교 졸업. 부유한 어린 시절을 보냈던 장영신은 6·25 전쟁이 나자 부산으로 피난살이를 하면서 집안이 어려워졌다. 그녀는 공부를 잘 했고 대학을 정말 가고 싶었지만 가정 형편상 말을 꺼내기도 힘들었다. 다행히도 국비 유학 시험을 통과하여 미국대학으로 유학하여 졸업할 수 있었다. 이때 그녀는 '뜻이 있는 곳에 길이 있다'는 진리를 깨닫게 되었다. 그 후에도 막다른 곳에 부딪힐 때마다 포기하지 않고 길을 찾았더니 정말 길이 열리는 놀라운 경험을 하였다.
1959.	미국 Chestnut Hill College 화공학 학사.
1959.6.	채몽인과 결혼.
1970.7.12.	남편인 채몽인 심장마비 별세.
1971.7.	타계한 남편사업을 이어받기로 결심. 첫 출근.
1972.8.1.	애경의 사장 취임.
1973.	1973년 1차 석유파동 때 유류가격과 전기요금이 82%와 30%나 상승했다. 당시 삼경화성(현재의 애경유화)은 공장을 가동한 지 채 1년도 안 돼 원료 공급이 중단될 위기에 놓이자 장영신은 한국에 파견돼 있던 걸프사의 미국인 사장을 직접 만나 물물교환 중개요청. 결국 걸프사의 주선으로 원료를 차질 없이 공급받아 위기를 모면할 수 있었다. 이는 이례적으로 미국의 대기업(걸프사)이 당장 이득이 없는 일에 발 벗고 나선 첫 사례가 되었다. "눈앞에 성공으로 가는 문이 있어도 잡을 수 있는 법"
1976.	회사 창립 이래 최초로 우유비누, 유아비누, 크린엎, 트리오 등을 중동지역으로 수출. 한번 수출계약을 맺을 회사와는 평생 거래하겠다는 신념으로 제품의 품질과 납품기일, 납품가격 등을 철저히 지킴. 중동지

역에 이어 동남아, 홍콩으로까지 해외시장을 확장한 데 이어 샴푸와 린스, 화장품 등을 생산하게 되면서 까다로운 일본시장 진출에도 성공.

1978. 직원들은 불이 나자 소방차가 달려와 물을 뿌릴 때까지 창고 안 물건을 하나라도 더 꺼내느라 온몸이 재와 물로 범벅이 돼 있었다. 직원들에게 상장과 부상을 전달, 전체 임직원에게 특별 상여금을 지급, 임금을 인상하는 등 여성 특유의 리더십으로 직원들의 마음에 애사심을 심어줌.

※ 애경유지공업 서울 영등포공장 전경(현 AK플라자 구로본점 자리). 이곳에 1978년 불이 나 애경의 모든 것이 사라질 위기를 맞는 듯했으나 임직원이 마음을 모으는 계기가 되었다.

1993. 애경유지공업 채경현 총괄 부회장 대표 취임, 구로동 공장부지의 활용 방안으로 애경백화점(구로점) 건설. 신규사업 유통업 선택. 제조업이 주력사업인 애경그룹이지만, 미래를 내다봤을 때 언제까지나 제조업에 머무를 수 없다고 판단. 국내 최초 복합 쇼핑몰 건립. 쇼핑만이 목적이 아닌, 헬스장과 수영장 등 스포츠센터와 다양한 문화시설을 가진 서울 남부 대표적인 문화공간으로 자리 잡음.

◇애경백화점이 2년6개월간의 공사끝에 10일 開館한다.

2005. 애경 '날다'-새로운 성장 동력 "항공 산업." 제주도＋애경그룹 → 대한민국의 저가 항공사, 애경백화점의 성공 → 항공분야로 사업 확장, 기존의 항공사와의 차별화. 대한항공, 아시아나 항공: FSC(Full Service Carrier). 제주항공: 저비용항공사(Low Cost Carrier, LCC).

제주항공 ·J·
Enjoy your Flight

| 제주항공 |

제주항공이 상장을 준비하며 AK제주항공으로 상호변경을 추진해오다 주주총회 직전 이를 취소하고 기존의 사명을 유지키로 한 데는 원희룡 도지사가 채형석 애경그룹 부회장에게 그룹차원의 상호변경 백지화를 강력히 요청한 결과로 확인됐다.

2005년 제주항공 출범 당시 제주도와 체결한 협약서에 '상호·상표'는 제주도와 협의해야 한다고 명시된 점과 도민 정서 등을 고려할 때 일방적인 상호변경은 있을 수 없다는 원지사의 강력한 항의를 제주항공 모회사인 애경그룹 채 부회장이 전격 수용하면서 백지화한 것. 제주도와 애경그룹의 복수 관계자는 23일 〈제주의 소리〉와 통화에서 "최근 원 지사와 채 부회장 간 접촉이 있었다"며 "두 분이 당초 23일 AK홀딩스 주주총회에서 처리키로 했던 제주항공 상호변경 안건을 삭제키로 한 것으로 안다"고 말했다.

AK홀딩스는 제주항공을 운영하는 애경그룹의 지주회사다. 결국 AK제주항공으로 상호변경을 추진하던 제주항공이 이를 취소하고 기존의 사명을 유지키로 한 것은 제주도보다 모회사인 애경의 이미지가 강화된다는 도민의 지적을 수용한 것으로 풀이된다.

당초 제주항공은 상장을 앞두고 애경그룹 주력 계열사라는 점을 알리는 이니셜 'AK'를 상호에 넣는 방안을 추진했으나, 제주도민을 위한 항공사를 표방하며 제주도로부터 출자받아 설립한 LCC(저비용항공사) 항공사가 다른 항공사와 다를 바 없이 모기업의 이익만을 추구한다는 도민 반발에 부딪힌 것이다.

그러나 제주항공 측은 제주도와의 협약 내용 위배 논란에 대해 민법에 의한 협약보다 상법 우선의 원칙을 적용해 주총에서 의결하면 문제없다는 입장이었다. 그러자 원지사가 주총을 앞둬 직접 애경 측에 강력한 항의 의사를 표시했고, 채부회장이 원지사에 상호변경 배경 등을 해명하는 과정에서 원지사가 그룹 경영진 차원의 결단을 이끌어 낸 것이다.

이에 따라 AK홀딩스는 22일 긴급이사회를 개최하고, 주주총회(23일)에서 논의키로 했던 제주항공 상호변경 안건을 삭제·정정한다고 금융감독원 전자공시시스템에 공시했다.

익명을 요구한 애경그룹 관계자는 "당초 법인명 변경을 하려 했던 것으로 브랜드명은 '제주항공'을 계속해서 사용할 예정이었던 것"이라며 "제주를 베이스로 한 새로운 사업 진출도 모색하는 상황에서 제주도민의 반발을 불러오면서까지 무리한 법인 상호변경이 불필요하다고 판단한 것"이라고 설명했다.

AK홀딩스는 23일 오전 11시 제주상공회의소에서 임시 주주총회를 열었다. 정관 일부 변경과 이사 선임, 감사위원 선임 건 등을 다뤘다. 예정대로 22일 긴급이사회에서 삭제된 상호변경 건은 안건에서 제외됐다.

제주항공은 지난 2005년 1월 제주도와 애경그룹이 각각 50억원과 150억원을 출자해 합작한 항공사로 설립됐다. 하지만 이후 자본 증자에 제주도가 참여하지 않아 현재 AK홀딩스(68.37%), 애경유지 공업(16.32%) 등 애경그룹이 84.8%, 제주도가 4.5%의 지분을 보유하고 있다.

Ⅱ. 장영신의 기업가정신 및 철학

"우리나라 최고의 여성 재벌을 꿈꾸지 않나요?"

"최고의 재벌보다는 최고의 명예를 가지고 싶다"

"나는 내가 경영하는 업종 안에서 최고 업종이 되도록 노력하고 있다. 소비자가 그 회사 제품이라면 안심하고 쓸 수 있고 믿어주는, 세계 어느 나라에도 뒤지지 않는 명예를 갖고 싶다. 우리나라 최고의 재벌이 되겠다는 생각은 한 번도 해본 적이 없다."

그녀의 경영철학은 근본적으로 소비자들에게 신임을 받는 기업, 분야에서 최고로 인정받는 기업이 되는 것이다.

1. 기업가정신

(1) 정도경영(正道經營)

1) 남보다 앞서서 나가는 진취적인 정신

2) 열심히 일하는 근면한 자세

3) 마음을 합치는 화합의 정신

＊기업가정신 일화: 1984년 영국의 세계최대 브랜드 유니레버사와 합작해 애경
산업(주)을 설립할 때에도 장 회장의 능력이 돋보였다. 애경에 유리한 조건으
로 상대방에게 제시해 상대방을 당혹하게 하였고, 그것을 밀어붙여 성공적인
합작이 이루어진 것은 장 회장의 능력이라고 할 수 있다. 예를 들면 "기술과 생
산설비는 들여오되 로열티는 받지 말 것", "합작은 애경과 유니레버사가 50 대
50으로 하되, 애경이 경영을 주도해야 한다"는 등의 조건으로 유니레버사에서
는 받아들이기 힘든 조건이었음에도 불구하고 애경과 유니레버는 1984년 11월
애경산업(주)을 출범시켰다.

① 현상유지는 안정이 아니라 퇴보다. 힘든
때일수록 미래를 대비하라(세제 '크린엎', AK백화
점, 제주항공).

② 처음 생산한 분말 합성세제 '크린엎'. 대표
이사 취임 후, 삼경화성(현 애경유화)의 건설. 하
지만, 얼마 지나지 않아 오일쇼크로 인해 공장 문
을 닫아야 하는 상황 발생. 그때 막 보급되기 시
작하던 세탁기로 인해 합성세제 시대가 올 것으
로 내다봄. 합성세제 '크린엎'을 개발하고 대전에
공장을 건설하기 시작. 준공될 무렵 오일쇼크의
여파가 걷히기 시작하고 합성세제의 수요가 폭
발적으로 증가.

(2) 작은 일에 소홀하면 큰 일도 망친다

1) 소비자의 신뢰: 그녀가 애경을 이끌면서 가장 두려워했던 것
2) 생산현장의 중요성: 부실제품이 단 하나도 나오지 않게 공장을 자주 방문하여
직원들을 격려하며 자부심과 책임감을 갖게 격려

(3) 한 가지 이상의 외국어는 반드시 익혀라

"외국어를 알아야 외국인과 대화할 수 있고 대화가 가능해야 그들과 어깨를 나란

히 하며 그들과의 경쟁에서 이길 수 있다."

"하나의 외국어를 모국어처럼 구사할 수 있는 능력은 국제화 시대를 살아내기 위한 기본 조건이다."

(4) 사회적 책임을 생각하는 리더가 돼라 – 기업이 돈을 벌어야 하는 이유

1) 기업의 지속적인 성장을 위해서
2) 더 좋은 제품을 싸게 공급하기 위해서
3) 사회적 책임을 다하기 위해서

애경그룹 장영신 회장이 국가 과학 발전을 위해 카이스트(한국과학기술원)에 30억원을 기부했다.

장영신 회장은 2일 카이스트 서남표 총장을 비롯한 관계자들이 참석한 가운데 발전기금 전달식을 가졌다. 장 회장은 "이공계 기초학문이 국가경쟁력을 살리는 길이다. 카이스트가 국가의 미래를 이끌어 갈 이공계 고급두뇌 양성에 더욱 힘써 주기를 바라는 마음에서 발전기금을 전달하게 됐다"고 밝혔다.

장영신 회장은 이공계 출신 경영인이다. 장 회장은 1950년대 국비장학생으로 미국 필라델피아 소재 가톨릭대학인 체스넛힐 대학에서 화학을 전공했다. 장 회장은 이를 바탕으로 애경그룹내 애경유화, 애경화학, AK켐텍 등의 화학회사를 일궜고, 그룹을 화학, 유통(AK플라자), 생활(애경산업), 항공(제주항공) 등 20여 개 계열사를 거느린 회사로 키워냈다.

장영신 애경회장,
KAIST에 30억원 기부

(5) 진심보다 든든한 자산은 없다

IMF 발생 → 외화부족 현상 → 원재료 수입 불가

1970년대부터 거래관계를 맺고 있던 일본의 미쓰비시 가스 화학, 다이니혼 잉크 화학공업, 이토추 상사가 도움을 요청하기도 전에 먼저 도움의 손길을 내밀어줌

(6) 경영인은 회사를 소유한 사람이 아닌 책임지는 사람

* 노사갈등? NO! 한밤 중 불고기 파티

1980년 사회적으로 대대적인 노동운동이 일어났을 때 울산에 있던 삼경화성 노조는 강경한 태도를 보이며 임금인상과 복지제도 개선을 요구하며 파업에 돌입한 상태였다. 장영신은 울산으로 바로 내려가서 며칠 째 단식중이라는 노조원들을 식

당으로 데려가 밥을 먹이면서 회사 사정을 있는 그대로 설명하였다. 그녀의 호소를 들은 후, 직원들은 회사와 함께 사는 길을 선택해주었고, 그날 밤 그녀는 주변 음식점에 부탁하여 직원들과 함께 불고기 파티를 열었다. 살벌했던 노사분규가 불고기 파티로 마무리되었던 것이다.

2. 기업가정신 철학

(1) 애인경천(愛人敬天): 사랑과 존경

'애인경천'이라는 기업이념 아래 국민생활에 도움이 되는 생활용품과 화학사업을 시작

(2) 케미토피아: 케미스트리(Chenmistry: 화학) + 유토피아(Utopia: 이상향)

화학을 기반으로 개발한 제품으로 소비자를 행복하게 만들자는 용어

Ⅲ. AK그룹의 문화

1. 대관 업무 담당자가 없는 기업

애경그룹에는 대부분의 기업이 두고 있는 대관 업무 담당자가 없음
정 · 관계에 휘둘리지 않고 사업에만 집중하겠다는 의지

2. 특별전형 'AK열정캐스팅'

(1) AK열정캐스팅이란?

학력, 자격증, 공인 어학성적 등 소위 말하는 스펙을 철저히 배제하는 블라인드 전형

(2) 지원방법

인스타그램 (INSTARGRAM) #해쉬태그

생각노트
느낀점·나의 성공 아이템·아이디어 노트·성공을 위한 나의 노력

제프 베이조스의 기업가정신

고객을 우선 생각하라, 개발하라, 그리고 인내하며 기다려라.

모든 사업은 자꾸자꾸 젊어져야 한다. 고객층이 당신과 함께 늙어간다면 당신은 지루하다고

불평하는 사람이 될 것이다. 비판받는 것을 두려워한다면, 제발 아무것도 하지 말라.

드론 배송 서비스와 우주 정거장 거주 시대를 위하여

Jeff Bezos

제프 베이조스

I. 약 력

1964.1.12. 미국 뉴멕시코 앨버커키 출생. 모친은 17세의 고등학생.

생부 테드 조겐슨(Ted Jorgensen)과의 이혼으로 어머니는 미겔 베이조스(Miguel Bezos)와 재혼. 미겔 베이조스는 제프 베이조스가 아마존을 창업할 때 가장 먼저 투자를 한 투자자로도 유명. 제프 베이조스의 롤 모델이 됨.

외할아버지 프레스턴 자이스(Preston Gise)는 젊은 시절 국방부의 연구기관인 DARPA 우주 공학 미사일 방어 시스템 분야의 전문가로 일했으며 원자력위원회에서 활동함. 제프 베이조스가 16살이 될 때까지 매년 여름 방학 때 텍사스의 외할아버지 농장에서 보냈는데, 이때의 경험들이 기업가의 꿈을 키우는 데 중요한 자양분이 되었다고 함.

휴스턴의 리버오크스 초등학교 입학.

플로리다주 마이애미시 팔메토 고등학교 수석 졸업.

프린스턴 대학교 물리학과 입학. 양자역학을 배우면서 자신은 12시간을 걸려 이해하고 푼 문제를 서너 명의 학우는 아무 거리낌 없이 풀며 이해하는 모습을 보고 물리학자가 되기를 포기. 컴퓨터 과학으로 전공 전환 후 졸업.

이후 벤처기업 피텔 입사(통신 프로토콜 프로그래밍 업무 수행) 1년 후 기업 및 사업개발 담당 부책임자로 승진, 입사 2년 후 퇴사.

뱅커스 트러스트 입사. 입사 10개월 만에 회사 내 최연소 부사장으로 승진.

1989. 신생 금융사 D.E.Shaw로 옮겨 테크놀로지 기반 트레이딩 전략팀 이끎.

1990. 26세의 최연소 부사장, 해외 수석 부사장 취임.

1993. D.E.Shaw의 직원이던 매켄지 스콧을 만나 결혼.

상사에게, "'인터넷 서점' 창업의 꿈을 실현하고자 한다"고 선언하자 상사는 "좋은 아이디어이지만 이 사업은 직장을 다니지 않는 사람이 하는게 좋겠다"고 조언하며 48시간을 줌. 제프 베이조스는 후회를 최소화하는 방법으로 결정을 내림.

첫째, 80세가 돼 인생을 돌아보고 있는 내 모습을 상상했다. 80살이 된 내가 후회할 일들을 최대한 줄이고자 했다.

둘째, 사업에 실패하더라도 후회하지 않을 거라 판단했다. 하지만 내가 후회할지도 모르는 한 가지가 있었다. 바로 시도조차 안 했을 경우였다. 그게 나를 미치도록 괴롭힐 게 분명했다.

셋째, 이렇게 따져보니 결정을 내리는 건 정말 쉬운 일이었다. 이 방법을 적용하면 일상에 만연한 혼란을 해결할 수 있게 된다. 장기적으로 보면 나중에 후회하지 않을 좋은 인생 결정을 내릴 수 있게 된다.

1994.7.	회사 사직하고 시애틀로 출발.

제프 베이조스가 아마존닷컴 창업을 준비할 때 냅킨에 그렸던 다이어그램. 이는 '아마존의 플라이휠'이라는 이름으로 유명해지면서 스타트업 성장구조의 모범으로 통함.

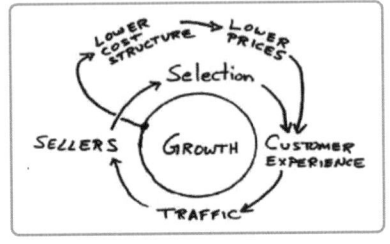

1995.7.	자신의 집 창고에서 200만 달러와 3대의 컴퓨터로 Amazon.com 창업
1995.7.16.	창업을 개시한 지 일주일 만에 미국 전역과 전 세계 45개 도시에서 서적 판매 시작.

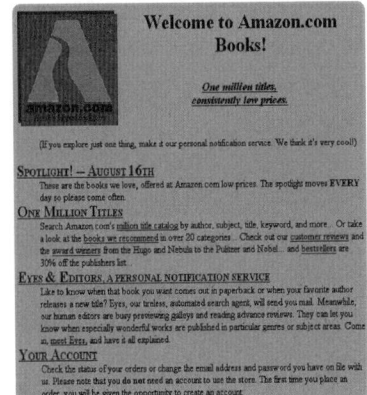

아마존닷컴 사이트 최초의 모습

1996.5.	월스트리트지가 Amazon.com을 일면에 대서특필함.
1997.5.	주당 18달러에 상장. 이후 주당 2000달러까지 상승(111배 성장).

이후 리먼 브라더스가 아마존닷컴은 일 년 안에 파산할 것이라는 보고

서 발표.

주가 무려 19% 하락. 자산 총액의 1/5이 날아감.

2000.   블루 오리진(Blue Origin)이라는 우주 회사 창업. 거대한 우주정거장 계획.

2001.   닷컴 버블의 파장.

직원 1,300명 해고.

2002.   100달러의 아마존닷컴 주가가 6달러로 94% 폭락.

위기를 기회로. 아마존닷컴이 종합쇼핑몰로 거듭 탄생. e-북 단말기, 킨들시리즈와 킨들 파이어, 그리고 파이어 폰 등의 제품과 클라우드 컴퓨팅 서비스로 사업 확장.

2003.   아마존의 새로운 회의 규칙 발표.

"앞으로 아마존의 모든 회의에서는 파워포인트를 사용하지 못한다. 엑셀로 그래프와 도표를 만들어 발표하는 것도 금지한다."는 내용.

직원들에게 요구하기를, 모든 회의 자료를 '내러티브(Narrative, 서술)'라고 불리는 장문을 글로 써서 제출하라고 함. 분량은 A4용지 6페이지 분량.

한 가지 더 새로운 사규에 포함시킨 것은, 앞으로 새로운 서비스와 제품을 기획할 때에는 그 제안서를 언론에 배포하는 보도자료 형식으로 써서 제출해야 한다는 것.

이러한 이유는 제품이 완성되었을 때 언론과 소비자는 그 제품을 어떻게 바라볼지를 개발에 들어가기 전에 미리 생각하고 제품출시를 준비하도록 만들기 위함.

2013.   일간지 워싱턴 포스트를 개인 돈 2억 5천만 달러로 인수.

2019.   매켄지 스콧은 제프 베이조스와의 이혼 소송 제기. 재산의 25%와 아마존닷컴 지분 4%를 합의금으로 받음. (워싱턴 주법에 따르면 12년 이상 결혼을 지속했을 시 무조건 이혼 때 50:50으로 나누는 법에 따라 당시 가치로 360억달러 받음, 원 달러 환율 1150원, 41조 4천억원)

2021.2.   아마존의 CEO직에서 물러남. 앤디 제시가 후임을 맡음.

2021.7.20. 블루 오리진 우주 캡슐을 타고 우주비행에 성공.

2022.1. 안티에이징을 연구하는 미국의 생명공학 스타트업 알토스 랩스(Altos Labs)에 30억달러 투자. 역대 생명공학 기업이 조달한 최대규모의 액수임.

Ⅱ. 제프 베이조스의 명언

(1) "Life's too short to hang out with people who aren't resuourceful."
　　– 지혜가 풍부하지 않은 사람과 어울리기에 삶은 너무 짧다.

(2) "If you never want to be criticized, don't do anything new."
　　– 비판받는 것을 두려워한다면, 아무것도 하지 마라.

(3) "Word of mouth is very powerful."
　　– 입소문이란 것은 굉장히 강력하다.

(4) "Put the customer first. Invent. And be patient."
　　– 고객을 우선 생각하고, 창조하고, 인내하라.

(5) "What's dangerous is not to evolve."
　　– 위험한 것은 진화하지 않는 것이다.

(6) "Work hard, have fun, make history."
　　– 열심히 일하고, 즐기며, 역사를 만들자.

(7) "The best customer service don't need promotion. It just works."
　　– 최고의 고객 서비스는 홍보를 필요로 하지 않는다. 그냥 작동할 뿐이다.

생각노트

느낀점·나의 성공 아이템·아이디어 노트·성공을 위한 나의 노력

일론 머스크의 기업가정신

저가형 우주여행과 화성에 인류를 위한 도시 건설

Elon Reeve Musk
일론 머스크

Ⅰ. 약 력

1971.6.28.	남아프리카 공화국 출신.
	모친은 메이 머스크, 부친은 에롤 머스크로 뛰어난 엔지니어이자 부동산 개발자의 아들.
1981.	코모도어 VIC-20라는 컴퓨터를 사용하면서 컴퓨팅에 관심.
1983.	컴퓨터 프로그래밍을 익혀 블래스터(Blastar)라는 베이직 기반 비디오 게임 만듦.
	이 게임은 공상 과학 소설에서 영감을 얻어 만든 가상 공간 게임으로 500달러를 받고 소스코드를 잡지사에 공개하기도 함.
1989.	남아공에서 캐나다로 이주.
1989.	캐나다 온타리오 주 킹스턴의 퀸스 대학교 경영학과에 입학.
1992.	미국 펜실베이니아 대학교로 편입하여 와튼 스쿨에서 경제 공부.
1995.	스탠퍼드 대학교 박사과정 등록, 인터넷의 잠재성을 깨닫고 자퇴 후 실리콘 밸리로 이주.
	일론 머스크와 형제인 킴벌 머스크가 인터넷을 기반으로 하는 지역정보 제공 시스템인 Zip2를 창업. 뉴욕 타임즈, 시카고 트리뷴과 같은 신문사들을 대상으로 서비스 제공.
1999.	Zip2를 매각한 일론 머스크는 1000만 달러를 투자해 X.com이라는 회사 창업.
	이 회사는 온라인 금융 서비스 제공회사로 1년 만에 경쟁사인 콘피니티를 인수 합병.
	이후 콘피니티의 일부였던 이메일 결제서비스(페이팔)에 집중하기로 결정, X.com의 사명도 페이팔(PayPal)로 바꿈.
2002.	쇼핑몰 이베이가 페이팔을 15억달러에 인수. 이로 인해 일론 머스크는 1.65억달러를 벌게 됨.
2002.6.	민간 우주항공 기업인 스페이스X(SpaceX) 설립, 로켓 엔지니어인 톰 뮬러에게 CTO(Chief Technology Officer, 최고 기술 책임자) 맡김.
2003.	마틴 에버하드와 마크 타페닝과 함께 테슬라(Tesla) 창업, 현재 일론 머

	스크가 운영. 전기차 생산.
2006.	그의 사촌들과 태양광발전회사인 솔라시티 경영.
2013.8.	진공튜브 안에서 캡슐 형태의 고속열차가 움직이는 시스템인 하이퍼루프 콘셉트 공개.

이후 테슬라와 스페이스X에서 공동으로 이 시스템 기초 개념 설립, 정리한 문서 공개.

하이퍼루프(Hyperloop)는 최고 속력 1300km/h로 움직일 수 있고, 에너지는 100% 태양광 발전으로 생산되는 친환경 교통수단. 최초로 만들어질 하이퍼루프는 뉴욕에서 워싱턴을 이동하는 데 사용될 것임.

2015.12.	인공지능 연구 기업인 오픈 AI 설립.
2016.	터널을 만드는 회사인 더 보링 컴퍼니(The Boring Company) 설립. 로스엔젤레스 교통 체증 해결방안으로 2차원 교통 시스템을 3차원으로 확장해야 한다고 주장.
2017.	TED(Technology , Entertainment, Design, 미국의 비영리재단에서 운영하는 강연회) 강연에서 더 보링 컴퍼니의 이 프로젝트에 2–3%의 시간을 투자하고 있고 개인적인 취미로 삼고 있다고 함.
2020.5.4.	자신의 아이 이름을 'XÆA–Xii'로 짓겠다고 선언.
2021.	전기자동차 테슬라 시가총액이 1183조 원 돌파.

일론 머스크(Elon Musk). 그가 가장 많이 들었던 비난의 소리는 "그게 가능해?", "사기꾼"이었다. 주변의 꽤 알려진 IT 벤처인도 그의 프로젝트를 '실현 불가능한 세상에 미친 짓"이라고 했다. 그는 그러한 미친 짓들을 세상에서 실현하고 있었다. 그가 경영하는 전기자동차 테슬라의 시가총액은 한화 1,183조 원을 돌파했다(2021년 10월 26일 주가가 1천 달러를 넘어서며 '천슬라'라는 말이 유행함. 또 시가총액 1조 100억달러(1천 1183조 원)으로 치솟음. 일류 빅 테크 기업의 상징인 1조 달러 클럽에 가입한 기업으로 애플, 아마존, 마이크로소프트, 구글 모회사인 알파벳만이 보유한 기록. 또한 스페이스X를 통해, 우주선을 개발하고, 국제우주정거장(ISS)에 물품을 보급하는 우주 택배 사업을 하고 있다. 인간 뇌

와 컴퓨터 인터페이스(brain-computer interface, BCI, 즉 뇌와 외부 장치간의 직접적인 상호작용 방식)를 연결하는 뉴럴링크(Neuralink), 지하에 수직 터널을 뚫어 교통량을 분산하는 더 보링 컴퍼니, 튜브 안에서 캡슐 형태의 고속 열차를 이동시키는 하이퍼루프(Hyperloop)는 인류를 화성으로 이주시키겠다는 그의 거대한 실험에 통합하고 있다. 그러나 머스크 제국의 사업을 자세히 살펴보면, 일론 머스크가 발견한 우주의 법칙은 없다. 그가 발명한 특별한 기술도 없다. 그는 기존의 기술과 요소들을 재구성하면서 통합한 것이다. 한국의 과학계가 세분화에 빠져있을 때, 그는 기술을 공학으로 재구성했다. 이동체도, 배터리도, 우주선도 다 있었던 것들이다. 한국 벤처가 가지고 있는 기술 수준과 요소도 그 정도는 된다. 문제는 한국의 과학·산업계가 일론의 상상력, 통합력, 추진력과 모험자본을 가지고 있지 못한 것이다.

Ⅱ. 일론 머스크의 성공의 10가지 법칙

1. 열심히 일하라. (Work Super Hard)
2. 제품/서비스는 무조건 좋아야 한다. (The Right Product)
3. 훌륭한 사람을 고용하라. (Hire/Attract Great People)
4. 소음 대신 신호에 집중하라. [Signal Over Noise(Value Over Hype)]
5. 위험을 감수하라. (Take Risks Now)
6. 높은 고통의 임계값을 받아들여라. (High Pain Threshold)
7. 자신이 하는 일을 좋아하라. (Like What You Do)
8. 비판을 환영하라. (Embrace Criticism)
9. 희망적인 사고를 피하라. (Avoid Wishful Thinking)
10. 단순히 트렌드를 따르지 마라. (First Principles Thinking)

관련 용어 해설(중간/기말 시험 준비자료)

1) 기업가정신(Entrepreneurship)의 정의
    ① 조지프 슘페터(Joseph A. Schumpeter): 창조적 파괴(creative destruction)에 나서는 기업가의 자세와 의지
    ② 제프리 티몬스(Jeffry Timmons, 1941~2008): 실질적으로 아무것도 아닌 것으로부터 가치 있는 어떤 것을 이뤄내는 인간적이고 창조적인 행동
    ③ 피터 드러커(Peter F. Drucker): 변화를 탐구하고 변화에 대응하며 변화를 기회로 이용하는 것

    "기업가정신 1등 나라는 한국이다. 영국이 250년, 미국이 100년 만에 이룬 것을 한국은 40년 만에 해냈다. 그 원동력은 바로 기업가정신이다."

    저서 『넥스트 소사이어티(1996)』에서

    ④ 로버트 론스타트(Robert Ronstadt): 스스로 새로운 사업을 일으키는 것. 그리고 이를 자신의 인생에서 가장 즐거운 일로 여기는 것이며, 이는 마치 빨간 신호등 앞에서도 때로는 이를 무시하고 돌진하는 것
    ⑤ 하워드 스티븐슨(Howard Stevenson): 한정된 자원을 초월하여 기회를 추구하는 것
    ⑥ 도날드와 리차드(Donald F. Kurao & Richard M. Hodgetts): 실질적으로 없는 상태로부터 비전(Vision)을 창조하고 구축하는 능력
    ⑦ 히스리치와 피터스(R.D. Hisrich & M.P.Peters): 기업가의 심리적인 정신 상태를 말하는 것이 아니고 기업가에게 필요한 능력 자체를 말하는 것
    ⑧ 랄프 왈도 에머슨(Ralph Waldo Emerson): 기업가정신에서의 진정한 성공이란 자기가 태어나기 전보다 세상을 조금이라도 살기 좋은 곳으로 만들어놓고 떠나는 것

2) **죽음의 계곡(Death Valley)**: "창업 3년 이후 자금난으로 인한 어려움"을 죽음의 계곡이라고 말한다.

3) **포미(FOR ME)족**: 건강(For Health), 싱글족(One), 여가(Recreation), 편의(More Convenient), 고가(Expensive)의 알파벳 앞 글자를 따서 만든 신조어로 자신이 가치를 두는 제품은 다소 비싸더라도 개인별로 가치를 두는 제품에 과감히 투자하는 소비 형태를 일컫는 말이다. 포미족에서 나타나는 가치소비 트렌드는 개인적이며 자기만족적인 성향이 강하다.

4) **성실 실패(honorable failure)**: 열심히 노력했으나 결과가 좋지 않는 것을 말한다.

5) **블루슈머(bluesumer)**: Blue Ocean과 Consumer의 합성어. 즉 경쟁자 없는 시장(Bue Ocean)을 주도하는 주체로서의 소비자

6) **최고경영자(CEO; Chief Executive Officer)**: 최고경영책임자라고도 한다. 어느 회사, 단체, 정부 부서의 총체적인 경영을 책임지는 가장 높은 위치에 있는 경영자를 말한다.

7) **최고운영책임자(COO; Chief Operaing Officer)**: 기업 내의 사업을 총괄하고 의사를 결정하는 사람을 말한다. CEO(최고경영자)와 비슷해 보이나, COO는 CEO의 의사결정을 받아 계획에 따라 회사를 운영하는 사람을 말한다. 회사 내의 부사장 정도로 생각하면 될 것 같다.

8) **최고재무책임자(CFO; Chief Financial Officer)**: 기업의 재무관리 부문에서 최고의 임원을 말한다.

9) **최고혁신책임자(CIO; Chief Innovation Officer)**: CFO의 업무를 분리시켜 매출을 증가시킬 수 있는 전략을 수립하고, 새로운 사업을 발굴하는 업무 및 외부 기업과 제휴를 주도하거나, 투자 집행을 어디에 어떻게 할지 결정하는 역할 등을 담당한다.

10) **최고행정책임자(CAO; Chief Admnistrative Officer)**: 중소기업의 경우, 총무 등의 관리부문 전체를 관리하는 사람을 말한다.

11) **최고기술책임자(CTO; Chief Technology Officer)**: 기업에서 기술에 대해 최고

책임을 지고 있는 사람을 말한다.

12) **밀레니얼 세대(Millennial Generation)**: 1980년대 초부터 2000년대 초까지 출생한 세대를 일컫는다. 현재 이들이 성인이 되어 소비를 이끄는 주역이 됐기 때문에 많은 기업들이 이들을 잡기 위한 노력을 하고 있다. 이들의 대표적인 특징으로는 소셜네트워크를 많이 이용하며 자기표현 욕구가 강하여 개인주의 성향을 많이 드러내고 있다.

1925년~1945년 침묵 세대
1946년~1965년 베이비부머 세대
1966년~1980년 X세대
1981년~1995년 밀레니얼 세대(=Y세대)
1996년~2010년 Z세대

1990년 중반에서 2010년까지 태어난 세대를 "Z"(Gen Z) 세대라고 말하는데, '디지털 네이티브' 세대를 말한다.

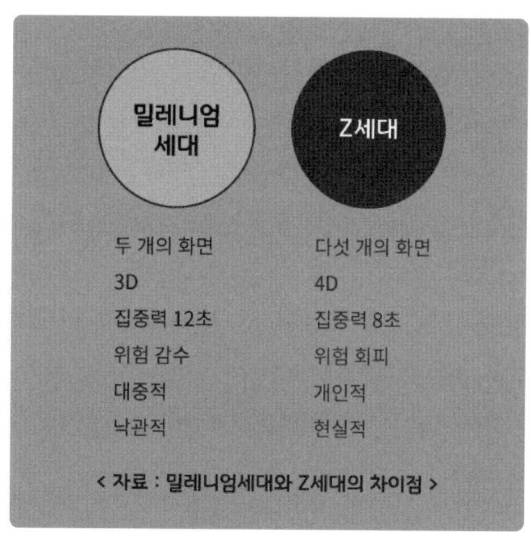

< 자료 : 밀레니엄세대와 Z세대의 차이점 >

"MZ"세대란 밀레니얼 세대＋Z 세대를 통칭하는 말이다.

13) **로하스(LOHAS; life of health and sustainability)**: 개인의 건강뿐만 아니라 사회의

지속성장을 추구하고 환경을 생각하는 생활스타일

14) **다운시프트(downshift):** 자동차 운전시 기어로 변속하여 속도를 줄이는 것을 의미함. 인간의 삶에서도 보다 여유롭고 편안한 삶을 즐기기 위해 현재의 바쁜 삶의 속도를 줄이는 것을 의미하는 신조어

15) **립스틱 효과:** 싼 값으로 사치욕구를 충족하려는 심리 효과

16) **포스팅(Posting):** 누리집이나 블로그 등에서 어떤 기사나 사진, 영상 등을 번호 혹은 이름을 붙여 게시하는 행위

17) **마케팅(Marketing):** 기업이 고객을 위해 가치를 창출하고 강한 고객관계를 구축한 대가로 고객들로부터 상응한 가치를 얻는 과정이다.

18) **소비성향으로 구분**
    ① 가성비(可性比, good for cost-effectiveness): 적은 비용으로 최대의 만족을 누리기 위한 합리적 소비를 말한다.
    ② 가심비(可心比, good for mind-satisfaction): 가격 대비 심리적 만족도를 뜻하는 말이며, 비용과 상관없이 만족스러운 것을 구매하는 소비 형태이다. 2018년 서울대 소비트렌드분석센터가 선정한 2018년 소비 트렌드 중의 하나였는데, 현재 MZ세대들 사이에서 떠오르는 소비 습관이 되고 있다.
    ③ 시심비(時心比, good for time-satisfaction): 2024년도의 소비 트렌드는 시간 대비 성능을 말하는 소비 습관이다. 시심비는 더 많은 만족감을 얻기 위해 시간이 중요한 잣대가 되는 소비 습관이다.

19) **마케팅 근시(마케팅 마이오피아; Marketing Myopia):** 하버드대학 테오도르 레빗(Theodore Levit) 교수가 1960년대에 주창한 개념이며 근시안적인 마케팅사고로 제품의 경쟁구도를 너무 협소하게 규정하는 것을 뜻한다. 즉 먼 미래를 예상하지 못하고 바로 앞에 닥친 상황만 고려한 마케팅을 이르는 말이다. 스스로의 제품이나 서비스를 지나치게 맹신한 나머지 고객의 진정한 니즈를 간과하고 제품, 서비스 자체에 매몰되는 현상이 나타나게 된다. 이는 고객의 가치를 중시하는 관점이 아니라 제품 중심의 협소한 관점으로 보기 때문에 기업의 지속적인 성장은 물론 존립조차도 어렵게 만들 수 있는 위험이 있다.

20) **니치(Niche):** 대중시장이 붕괴된 후의 세분화된 시장 및 소비상황을 설명하는 말로서 '남이 아직 모르는 좋은 낚시터'라는 은유적 의미를 담고 있다.

21) **니치마케팅:** 소비자들의 기호와 개성에 따른 수요를 대규모 집단으로 파악하기 보다는 시장을 쪼개고 쪼개서, 특정한 성격을 가진 소규모의 소비자를 대상으로 판매목표를 설정하는 마케팅을 말한다. 마치 틈새를 비집고 들어간다는 것과 같다는 뜻에서 붙여진 이름이다. 틈새마케팅이라고도 한다.

22) **메디치효과(Medici effect):** 서로 다른 이질적인 분야를 접목하여 창조적 · 혁신적 아이디어를 창출해내는 기업 경영방식이며 서로 관련이 없을 것 같은 이종 간의 다양한 분야가 서로 교류, 융합하여 독창적인 아이디어나 뛰어난 생산성을 나타내고 새로운 시너지를 창출할 수 있다는 이론이다. 이는 15세기 중세 이탈리아 피렌체의 메디치 가문이 문화예술가, 철학자, 과학자, 상인 등 여러 다양한 분야의 전문가들을 후원하자 자연스럽게 모인 이질적 집단 간의 교류를 통해 서로의 역량이 융합되면서 생긴 시너지가 르네상스 시대를 맞게 하였다는 데서 유래된 말이다.

23) **크레슈머(creation+consumer):** 창조(creation)와 소비자(consumer)의 합성어로 '나만의 제품'을 만들어 사용하는 적극적인 소비자를 뜻한다. 크레슈머는 기존 제품을 사용하는 데 그치지 않고 직접 입맛에 맞는 제품을 만들어 나가는 소비자들이 늘어나면서 크레슈머를 타깃으로 한 신시장이 형성되고 있다.

24) **KFC:** 39세에 주유소를 차렸다가 대공황으로 파산하고, 다시 주유소 경영에 나섰다가 주유소에 딸린 식당을 차리게 되어 비로소 작은 성공을 거두게 된다. 그러나 인근에 고속도로가 생기면서 마을이 고속도로 건너편으로 이주하게 되면서, 결국 식당은 경매에 넘겨졌고, 그의 수중에는 사회보장 프로그램에서 지급하는 105달러가 전부인 처지로 몰락했을 때 그의 나이 65세였다. 그러나 커넬 샌더스(Colonel Sanders, 1890~1980)는 자신의 닭고기를 압력솥에서 튀기는 새로운 방식과 양념을 개발하고 투자자를 찾아나섰다. 3년 동안 무려 1008개의 식당에서 제안을 거절당했지만, 결국 1009번째 식당에서 예스라는 대답을 듣게 되었다. 이것이 전 세계에 걸쳐 수 만개의 프랜차이즈를 성공적으로 운영하고 있는 KFC의 시초이다.

25) **다이슨(Dyson):** 다이슨 회장을 지낸 제임스 다이슨(James Dyson)은 먼지 봉투 없는 진공청소기, 날개 없는 선풍기를 개발한 혁신기업 다이슨의 창업자이다. 그는 "먼지봉투 없는 진공청소기를 개발하는 과정에서 사이클론 기술(먼지 봉투 없는 청소기를 가능하게 한 핵심 기술)로 제품을 출시할 때까지 프로토타입(시제품)만 5,127개를 만들었다며 "성공하려면 먼저 실패해야 한다"고 말했다.

26) **광곤절(중국어 발음으로는 광군제 光棍節, 11월 11일)**

중국어로 광군(光棍)은 솔로라는 뜻으로도 쓰인다. 숫자 1이 중국의 단신(單身) 솔로(單; 홑단) 하나라는 뜻에서 유래된 것이다.

1993년 중국의 남경대학교에서 솔로(solo) 축제를 계기로 만들어졌다. 알리바바 대표 마윈(馬云)은 여기서 착안하여, 쇼핑으로 외로움을 극복하자라는 모터브로 광군절 이벤트를 시작한다. 첫 시작은 미미하였으나, 2017년 하루 만에 미국의 최대 명절인 추수감사절(11월 넷째 주 목요일) 다음날인 블랙프라이데이 매출을 뛰어넘으며, 세계인들의 주목을 받기 시작한다.

2018년 광군절 매출액 1682억 6963만 5159위안(한화 28조 34080억원)
2017년 블랙프라이데이 기간 온라인 매출은 2017년 기준 28억 7,000만 달러(3조 2,330억원). 추수감사절이 끝난 다음 주 월요일부터 시작되는 사이버먼데이 매출규모는 2017년 65억 9,000만 달러(7조 4236억원) 규모로 블랙프라이데이 기간의 두 배를 넘고 있다.

중국 최대 쇼핑 이벤트 '광군제'행사를 기획한 알리바바의 인터넷쇼핑몰 텐마오(天猫, T몰)가 그동안 올린 매출을 보면,
2015년 11월 11일 하루 동안 912억 위안(한화 16조 5,000억원) 매출
2019년 11월 11일 하루 동안 2,684억 위안(한화 49조 4,000억원)
2020년 11월 11일 하루 동안 4,982억 위안(한화 92조 8,000억원)
2021년 11월 11일 하루 동안 5,403억 위안(한화 99조 9,000억원)
2022년 11월에는 거래액 미공개
2023년 11월에는 거래액 미공개

※ 징동(京東)닷컴(https://global.jd.com/)은 1998년 6월 18일 회사를 설립 후 자

사 창립일에 대규모 할인 행사 개최. 2010년부터 파격적인 할인을 제공하는 618 행사 시작. 중국의 온라인 쇼핑몰 시장이 급성장하면서 알리바바를 비롯한 경쟁업체들도 6월에 자체적인 할인 프로모션을 선보이다가 현재는 주요 쇼핑몰 대부분이 618 쇼핑 축제에 참여함. 2021년 618 행사 기간(6.1~6.18)에 전체 온라인 매출액은 5,784억 8000만 위안(한화 약 106조 6,600억). 향후 광군제와 비교해 볼 만한 내용임.

27) **레토르트 식품(retort food):** 저장을 목적으로 한 가공식품이다. 조리가공한 여러 가지 식품을 일종의 주머니에 넣어 밀봉한 후 고압가열살균솥에 넣어 고온에서 가열살균하여, 공기와 광선을 차단한 상태에서 장기간 식품을 보존할 수 있도록 만든다. 미국에서는 '레토르트 파우치' 또는 '플렉시블 캔이라고 하고, 유럽에서는'플렉시캔' 또는 '플렉스팩'이라고 한다. 레토르트 식품을 넣는 주머니와 외부는 폴리에스터의 얇은 막으로 되어 있고, 중층은 알루미늄의 얇은 막이고, 내부는 다시 폴리에스터 막으로 되어 있는데, 이 셋을 붙여서 주머니를 만든다. 이 주머니에 재료를 다듬고 썰고 조미하여 익힌 것을 자동으로 연속충전기로 넣고 가열하여 봉한다. 이것을 가압살균, 가압냉각 장치로 105~120℃의 온도에서 가열 살균하여 즉시 냉각시킨다.
레토르트 식품은 캔 식품과 같이 보존성이 있고, 또 다음과 같은 특징이 있다.
첫째, 캔 식품에 비해 부드럽고 가벼워 운반하기 편리하다.
둘째, 카레나 스튜 같은 음식은 약 3분간 가열하면, 주머니째 데울 수 있고, 간단하게 주머니를 열 수 있다.
셋째, 가열 살균할 때 주머니가 두껍지 않고 납작하기 때문에 열의 전달 속도가 빨라 시간을 단축시켜서 색과 향미가 좋은 제품을 만들 수 있다.

28) **루트세일(Root sale):** 중간 도매상을 거치지 않고, 기업에서 직접 소비자를 찾아 제품을 소개하고 브랜드를 알리는 방법

29) **해썹(HACCP):** 해썹은 위해요소분석(Hazard Analysis)과 중요관리점(Critical Control Point)의 영문 약자로서 해썹 또는 식품안전관리인증기준을 의미한다. 즉, 해썹은 식품의 원재료에서부터 최종 소비자가 섭취하기 전까지 생물학적, 화학적, 물리적 위해요소가 식품에 혼입, 오염 방지를 위한 사전 예방적 식품안

전관리체계를 말한다.

30) **기업의 4가지 형태:** 합자회사, 합명회사, 유한회사, 주식회사

기업 자본조달의 3가지 형태: 은행권의 대출, 채권발행, 증자

31) **증자:** 증자의 유리한 점은 원리금 상환의 부담이 없다는 장점이 있음

증자를 통해 주식을 주주들에게 나눠주는데, 이에 대한 대가를 받는 경우를 유상증자(방식: 주주배정, 일반공모, 제3자배정), 대가없이 공짜로 주는 경우를 무상증자라고 함

- **주주배정방식**-기존주주들에게 신주인수권을 배정하는 방식으로 신주인수권을 배정받은 주주들 중 유상증자를 원치 않는 주주들은 이를 포기할 수 있는데, 이 경우에는 실권주가 생기게 된다. 이 실권주가 발생하면 보통 이사회 결의를 통해 기존 주주 및 제3자에게 다시 배정하게 된다.

- **일반공모방식**-대기업에서 주로 사용하는 방식으로 불특정 다수에게 공개적으로 유상증자 청약을 모집하는 것이다. 주식 상장(IPO; Initial Public Offering) 때 주주들이 청약하는 것과 같은 방식이라고 볼 수 있다. 기업은 증자를 주관하는 증권회사는 증자 총액을 인수인계하게 되며, 증권회사는 비주주 일반인들로부터 공개청약방식으로 공모한다. 공모과정에서 발생하는 실권주는 다시 기업에게 인수인계된다.

- **제3자배정방식**-기존 주주나 회사 임직원이 아닌 제3자가 가져가는 것을 전제로 하는 배정방식이다. 기존 주주를 대상으로 하는 유상증자가 실패할 염려가 있거나 경영권이나 지분을 특정인에게 넘겨주려 할 때 이용되는 방식이다. 넓은 의미에서는 우리사주조합에 대한 신주인수권 우선 배정이나, 이사회 결의를 통한 실권주 처리 역시 제3자배정방식에 대항된다고 할 수 있다.

32) **스톡옵션(Stock potion):** 어떤 회사의 주식을 액면가나 시세보다 싸게 매입할 수 있는 권리를 주는 것을 말한다. 당연히 일정기간이 지나면 마음대로 처분할 수 있는 권리도 주어진다. 우리나라 말로는 주식매입선택권, 주식매수선택권이라고 하는데, 1997년 처음으로 시행되었다.

일단 어떤 회사가 처음 시작될 때, 개국공신 격인 임직원들에게 보통 스톡옵션

이 많이 주어지게 된다. 따라서 사업을 시작한 지 얼마 되지 않은 스타트업들의 경우 우수한 인재를 붙잡기 위한 방편으로 스톡옵션을 사용하기도 하고, 대기업의 경우에도 때에 따라 우수한 인재를 빼앗기지 않기 위해 스톡옵션을 사용하기도 한다. 다양한 스타트업들이 늘어나고 우수한 인재를 영입하는 것이 점점 힘들어지는 상황에서 기업들이 스톡옵션 조건을 내세우는 경우가 매년 늘고 있는 추세이다.

최근 증시에 상장해 좋은 성적을 내고 있는 하이브나 카카오 같은 일부 회사의 경우, 임직원이나 평사원까지 스톡옵션으로 대박이 난 사례가 있으나, 이는 일부 기업공개(IPO)에 성공한 회사에 국한된 얘기이다.

스톡옵션의 명암으로 첫째는 스톡옵션의 세금에 대한 것인데, 적용되는 세금만 근로소득세, 양도소득세, 지방소득세, 증권거래세 등 4가지 이상이고 세금 정산이 꽤 까다롭다. 스타트업에 종사하는 임직원의 경우 스톡옵션을 사용하고 싶어도 주식을 구입할 자금이 없고, 높은 세금 부담률이 발목을 잡는 경우가 있고, 또 퇴직을 하게 되면 스톡옵션이 무효가 되는 조건도 많이 있다.

상장회사의 임직원이 스톡옵션을 행사했다면 주식시장에 신규주식이 풀리는 것이므로 주가가 하락할 수 있으므로 기존 주주들은 반길 리 없다. 시가 총액의 규모가 작다면 이런 스톡옵션에 따른 주가 하락 부담이 더욱 커질 수밖에 없다. 그러나 반대로 어떤 회사의 특정인물이 스톡옵션을 행사했다는 뉴스가 나오면 주가가 추가로 상승하는 경우도 있으므로 명암을 잘 따져봐야 할 것이다.

33) **아웃소싱(Out Sourcing):** 자체 인력, 설비 등을 이용해 내부인원이 아닌 외부용역으로 그 업무를 대체하는 것을 뜻한다. 기업 내부의 프로젝트 혹은 활동을 외부 기업에 위탁해 처리하는 경영전략이다. 기업 내부에서 프로젝트를 자체적으로 했을 때 외부에 맡기는 것보다 추가 인력, 시간 소요가 많이 발생할 것이라 판단됐을 때 도입을 하고 있다.

34) **여신 관리:** 은행의 대출이 대기업에 쏠리는 현상을 막기 위해 도입한 제도를 여신 관리라고 한다. 여신이란 금융 기관에서 고객에게 돈을 빌려주는 것을 말한다. 여신 관리의 대상이 되면 상위 30개 기업은 은행감독원이 정하는 비율 이내에서만 대출이 가능해진다.

35) **앰부시 마케팅(Ambush Marketing):** '매복'이란 뜻을 가진 앰부시(ambush)와 마케팅(marketing)이 합쳐진 용어로, 스포츠 이벤트에서 공식 후원 업체가 아님에도 불구하고 은근히 숨어서 고객에게 후원 업체라는 인식을 주는 마케팅 방법이다. 예를 들어 월드컵 후원 업체가 아니기 때문에 월드컵 관련 용어를 쓰지는 못하지만 '붉은 악마'를 드러내 마케팅을 하는 사례도 있었다. 다시 말해서 공식스폰서가 아닌 기업이 공식스폰서인 것처럼 인상을 심어줘서 사람들의 시선을 끌고, 공식스폰서와 유사한 효과를 기대하는 마케팅 활동이다.

앰부시 마케팅의 사례는 다양한데, 대표적으로는 개별 선수나 팀, 국가에 물품이나 서비스를 후원하거나 선수 가족에게 도움을 주고 이를 홍보에 활용하는 방법, 경기장 주변에서 다양한 이벤트를 여는 방법, 국가대표 선수단의 선전을 기원하는 광고를 하는 것 등이 대표적인 앰부시 마케팅의 가장 일반적인 형태라고 볼 수 있다.

36) **감가상각:** 기업이 갖고 있는 생산기계, 설비 등은 시간이 지남에 따라 그 가치가 떨어진다. 따라서 자산을 처음에 구매한 가격(취득원가)에서 가치가 떨어지는 비율에 맞춰 매년 비용으로 배분하는 것을 감가상각이라고 한다. 이때 기업은 이 자산이 얼마 동안 효용이 지속될지를 판단하는 내용연수를 정해야 한다. 또한 정액법, 정률법으로 자산의 가치가 얼마만큼 떨어질지에 대한 비율을 계산을 해야 한다.

37) **감자(무상감자):** 주식회사가 자본금을 감소시키는 일을 감자라고 한다. 감자에는 유상감자와 무상감자가 있는데 일반적으로 무상감자를 많이 이용한다. 무상감자란 기업에서 자본금을 줄일 때 주주들이 아무런 보상 없이 결정된 감소 비율만큼 주식을 잃게 되는 것을 말한다. 쉽게 말해 기업의 경영 약화로 누적손실금이 생기면 그만큼을 메우기 위해 보상 없이 주주들의 주식을 끌어다 쓰게 되는 것을 말한다.

38) **과세표준:** 세금을 부과할 때 기준이 되는 것을 말한다. 예를 들어 소득세를 내게 된다면 과세표준은 소득 금액, 재산세는 재산가액이 된다.

39) **낙수효과:** 낙수효과(落水效果) 또는 트리클다운 이펙트(trickle-down effect)는 대기업, 재벌, 고소득층 등 선도 부문의 성과가 늘어나면, 연관 산업을 이용해 후

발, 낙후 부분에 유입되는 효과를 의미한다. trickle-down은 흠뻑 젖은 외투에서 물이 뚝뚝 떨어지거나, 추녀 끝에서 빗물이 방울져 떨어지는 '낙수'라는 말이다. 정부가 대기업과 부유층의 부를 먼저 늘리면 전체적인 경기가 좋아진다는 전제를 깔고 있다. 컵을 피라미드같이 층층이 쌓아놓고 맨 꼭대기의 컵에 물을 부으면, 제일 위의 컵부터 흘러들어간 물이 다 찬 뒤에야 넘쳐서 아래로 자연스럽게 내려간다는 이론이다. 이 이론은 국부의 증대에 초점이 맞춰진 것으로 분배보다는 성장을, 형평성보다는 효율성을 우선시한다는 전제로부터 나온 것이지만, 이를 뒷받침해주는 사회과학적 근거는 존재하지 않는다. 반대말은 분수효과(Fountain effect) 또는 트리클업 이펙트(trickle-up effect)라고 한다.

40) **당기순이익**: 기업이 한 해 동안 벌어들인 총수익(매출액, 영업외수익)에서 총비용(매출원가, 판매비와 관리비, 영업외비용, 법인세비용)을 차감한 최종이익을 당기순이익이라고 말한다. 다시 말해 일정 기간의 순이익을 말한다. 어떤 기간 동안 얻은 모든 수익에서 지출한 모든 비용을 빼고 남은 순수이익을 말하는 것이다. 이는 기업의 경영 상태를 나타내는 대표적인 지표가 된다. 당기순이익은 주주에게 몽땅 배당을 줄 수도 있고, 기업에 100% 유보해서 재투자할 수도 있고, 일부를 배당하고 일부를 유보할 수도 있다.

41) **대차대조표**: 일정 시점에서 기업의 재무상태, 자산, 부채 및 자본의 내용을 작성한 표이다. 기업의 재무상태를 정확히 보고하기 위한 목적으로 당기순이익과 같이 기업의 경영상태를 나타내는 지표이다.

42) **부가가치**: 기업이 생산활동을 할 때 생기는 새로운 가치를 말한다. 총산출 금액에서 원금, 직접 생산비 등 제조과정에 투입된 소비금액을 제외한 수치이다. 이는 인건비, 이자, 이윤의 합계라고도 볼 수 있다.

43) **리베이트(rebate)**: 지급한 상품에 대한 대가를 다시 지급자에게 되돌려주는 행위를 말한다. 예를 들어 유치원 원장에게 영업사원이 교재를 판 뒤 받은 금액의 일부를 다시 원장한테 되돌려주는 행위 혹은 아예 정해진 금액에서 일정 금액을 깎아 영업사원에게 지불하는 경우가 있다. 일종의 경품 제공, 뇌물의 성격을 띠고 있어 과도한 리베이트는 공정거래법상 처벌을 받게 된다.

44) **분식회계:** 기업이 고의로 자산이나 이익 등은 크게 부풀리고 부채는 적게 계산하여 재무상태, 경영 성과를 조작하는 것을 말한다. 이러한 경우 투자자들은 잘못 올린 재무상태를 보고 투자했다 손해를 보게 될 수 있다.

45) **파레토의 법칙(Pareto principle, law of the vital few, principle of factor sparsity) 또는 80 대 20법칙(80-20rule):** "이탈리아 인구의 20%가 이탈리아 전체 부의 80%를 가지고 있다"라고 주장한 이탈리아의 경제학자 빌프레도 파레토(Vilfredo Pareto, 1848~1923)의 이름에서 따왔다. 이 법칙은 전체 결과의 80%가 전체 원인의 20%에서 일어나는 현상을 가리킨다. 일의 성과의 80%는 집중해서 일한 20%의 시간에 의하여 달성된다는 것이다. 그 예를 들면,

생산량의 80%는 20%의 직원이 생산하고 있다.

회사의 총수익 80%는 20%의 상품들에 의해서 결정된다.

백화점의 매출액 80%는 단골손님 20%가 올려준다.

통화한 사람 중 20%와의 통화시간이 총통화시간의 80%를 차지한다.

즐겨 입는 옷의 80%는 옷장에 걸린 옷의 20%에 불과하다.

전체 주가상승률의 80%는 상승기간의 20%의 기간에서 발생한다.

20%의 범죄자가 80%의 범죄를 저지른다.

성과의 80%는 근무시간 중 집중력을 발휘한 20%의 시간에 이루어진다.

두뇌의 20%가 문제의 80%를 푼다. 우수한 20%의 인재가 80%의 문제를 해결한다. 혹은 뇌의 20%만 사용하여 문제 해결에 필요한 80%를 해결한다.

운동선수 중 20%가 전체 상금 80%를 싹쓸이한다.

인터넷 유저의 20%가 80%의 양질의 정보를 생산한다.

46) **롱테일 법칙(Long Tail's Law):** 파레토 법칙의 반대되는 법칙으로 롱테일 법칙은 하위 80%가 상위 20%보다 더 큰 가치를 창출한다는 이론이다. 역 파레토 법칙이라고 불리기도 한다. 예전에는 오프라인 중심의 유통채널의 한계로 흔히 '잘나가는 상품'들만이 오프라인에 비치되어있고 그렇지 못한 상품들은 배제되었다. 하지만 IT의 발달로 하위의 다수제품들도 온라인으로 저렴한 가격에 모두 소개할 수 있게 되어 오히려 여기에서 발생하는 매출이 훨씬 큰 비중을 차지하게 되면서 생겨난 말이다. 그 예를 들면, 아마존닷컴에서 실제 80%의 잘 팔리지

않는 책들이 50% 이상의 매출을 올린다고 한다.

47) **마케팅(Marketing):** 마케팅이란 결국 고객의 마음을 내 편으로 돌리는 것이다. 가장 강력한 마케팅은 고객에게 매순간 진실된 태도로 다가가서 자신의 뜨거운 열정을 고객에게 전달하는 것이다("Marketing is enthusiasm transferred to the customer"). 그리하여 진정으로 성공한 마케팅은 고객을 자기 스토리의 영웅으로 만드는 것이다("Make the customer the hero of your story").

48) **고객접점(Moment of Truth, MOT)마케팅:** 진실의 순간(the Moment of Truth)은 투우경기에서 투우사가 검으로 소의 급소를 찔러 투우를 마무리 짓는 순간을 뜻한다. 스페인어로는 'el momento de la verdad'에서 온 말이다. 그 순간은 '소와 사람 중 어느 하나의 운명이 결정되는 죽음의 진실이 가려지는 순간'이다. 그래서 '결코 실패해서는 안 되는 결정적 순간' 혹은 '누구도 피해갈 수 없는 운명의 순간'을 가리키는 의미로 사용되고 있다. 이 '진실의 순간'이라는 말은 헤밍웨이의 소설 '오후의 죽음'에 처음 사용되었고, 39살의 젊은 나이에 스칸디나비아 항공의 사장에 취임한 얀 칼슨(Jan Carlzon)이 1987년에 출간한 책의 제목에 사용하여 마케팅 전략의 일종으로서 널리 알려지게 되었다.

얀 칼슨은 MOT 즉 진실의 순간을, "회사의 어떤 분야에서든 고객과의 사이에 접점이 발생할 때 회사에 대한 인상이 결정되는 모든 상황"이라고 설명하며, 다음과 말한다. "스칸디나비아 항공(SAS)에서는 1년에 약 1천만 명의 고객이 각자 5명의 SAS 직원과 접촉하며, 매 접촉 시간은 15초 정도이다. 그래서 SAS의 이미지는 1년에 5천만번, 한번에 15초씩 고객의 마음에 새겨지게 된다. 이 5천만번의 '진실의 순간'이 SAS라는 기업의 성공과 실패를 결정적으로 좌우하는 순간이다. 우리는 이 매 순간들에 SAS가 최고의 선택 대상임을 증명하여야 한다." 이러한 '진실의 순간' 개념을 도입한 얀 칼슨은 적자(−800만불)에 허덕이던 SAS를 불과 1년 만에 흑자(+7,100만불)로 반전시켰다.

49) **바이럴 마케팅(Viral Marketing):** 바이럴(Viral)은 바이러스(Virus)의 형용사형으로 '감염시키는, 전이되는' 등의 의미가 있다. 즉 바이러스가 전염되듯이 소비자들 사이에 소문을 타고 물건에 대한 홍보성 정보가 끊임없이 전달되도록 하는 마케팅 기법을 의미한다.

네티즌이 SNS 혹은 다른 전파 가능한 매체를 통해 '자발적으로' 기업 혹은 제품을 홍보할 수 있도록 만든 마케팅 기법이다. 바이러스처럼 한 사람의 말이 다른 사람에게 계속해서 퍼지는 듯한 모습을 본떠 바이럴 마케팅이라 이름이 붙여졌다.

사례로는 SNS(페이스북, 트위터, 카카오스토리 등)에 신규 출시 제품의 이벤트 등을 공유하면 일정한 보상을 주는 방식이 있다. 어떤 신제품의 출시 소식, 이벤트 등을 공유하면 할인권, 경품을 주는 경우가 이에 속한다. 이렇게 소비자들의 SNS상 공유를 유도해서 신규 제품 혹은 서비스의 홍보 효과를 노리는 것이다. 친구 추천시 할인권을 주거나 포인트를 주는 방법도 이에 속한다.

장점-낮은 비용, 높은 도달, 브랜드 인지도, 강력한 전달, 팔로우 증가

단점-브랜드 희석 효과, 측정의 어려움

① 사 례
㉠ PSY-GANGNAM STYLE(강남스타일)은 YG엔터테인먼트에서 K-POP을 서양에 알리 위해서 만든 것으로 강남스타일을 업로드 하기 전에 채널에 광고를 쓰지 않고 250만 명의 팬을 모았고, 음악 동영상조회수는 합계 25억 회에 달했다. 이렇게 된 상태에서 강남스타일이 업로드되면서 폭발적인 반응을 낳는 데 성공하게 되었다.

Airbnb는 입소문을 퍼뜨린 사람과 받는 사람 모두에게 여행자 신용카드를 부여하는 방식으로, 여행자로부터 여행자에게 입소문을 퍼뜨림으로써 많은 신규 사용자를 얻는 데 성공했다. 이는 Airbnb 서비스 자체가 핵이 되어 퍼진 사례이다. 전례가 없던 획기적인 서비스였기 때문에 신용이 부여되었고, 이는 단순한 방법으로도 효과적인 홍보결과를 낳게 되었다.

Hotmail은 1990년으로 거슬러 올라가서 기존 사용자의 발송 메일을 이용하여, 메일 마지막 부분에 "Get your freemail at Hotmail"이라는 메시지와 자사 사이트 URL이 표시되도록 했다. 그 결과 Hotmail은 2년 안에 1200만 명의 신규사용자를 확보하였다.

Apple은 아이폰 초기에 효과적으로 인지도를 확산시키는 데 성공했는데, 아이폰에서 보낸 메일에 "iPhone에서 전송"이라는 메시지를 본 적이 있지 않은

가? 단순한 방법이지만 현재의 인지도에 이르기까지 상당한 기여를 한 방법이다.

ⓒ WREN(렌)의 First Kiss−낯선 상대방과 첫 키스
Business Insider의 How We Made A Viral Video Of Strangers Kissing And Increased Sales By Nearly 14,000%라는 글과, Social Times의 What Brands Can Learn From Wren's 'First Kiss'라는 글을 참조했다.

A Kiss Is Just a Kiss, Unless It's an Ad for a Clothing Company
뉴욕타임즈는 이 바이럴 영상이 광고임이 밝혀진 후 인터뷰를 통해서 제작과장, 확산 과정 그리고 효과와 업계의 반응을 기사화했다.
WREN에서는 몇 년 동안 신제품 런칭 시즌에 재미있고 섹시하고 쿨해서 짧은 홍보 영상들을 만들어 활용했고 효과를 보았는데 2014년 가을 신제품 출시 때 순전히 Word of mouth(입소문)를 겨냥한 바이럴 영상을 만들기로 한다.
이렇게 완성된 영상이 First Kiss이다. 이 First Kiss는 처음에는 조용히 Style.com에 올렸다. 그리고 나서 동일 버전을 유튜브에 올리고 홍보를 시작했다. 지나친 홍보라는 인상을 줄이고자 WREN 계정이 아닌 제작자인 타티아 필리에바(Tatia Pilieva) 유튜브 계정에 올렸다. 타티아 필리에바는 홍보를 위해 21명의 친구들에게 동영상을 공유한다. 마음이 내키면 공유해 달라고.
"Hey my dears. I wanted to share our little film with you.
Here are the links. Feel free to share as you wish."
또 이 동영상을 확산시키기 위해서 조력자를 찾았는데 그가 바로 고커(Gawker)이다. 고커는 Gawker.com에 First Kiss라는 바이럴 영상을 포스팅하면서 그의 독자들에게 소개한다. 이와 더불어 고커 블로거들의 페이스북, 트위터에서 First kiss는 매우 조직적으로 전파된다.
이후는 다 아는 것처럼 빠르게 전 세계로 퍼져나갔고 바이럴 동영상 자체의 매력에 힘입어 많은 사람들이 유튜브 동영상을 조회하고 회자되면서 원래 의도했던 마케팅 목표를 달성한다. 이후 고커는 글을 업데이트하면서 이는 바이럴 마케팅의 일환이었다고 고백한다.

* 유튜브 조회수 1억 1천 7백만 회, 그리고 좋아요 526,961회 기록, vimeo[*] 조회수 2백 30만회 기록((2016년 11월 18일 현재))

* 2014년 가장 많이 조회된 비디오 광고 캠페인

* 2014년 Wren의 온라인 판매는 2013년 동기에 비해서 14,000% 증가

※ vimeo: 사용자가 직접 제작한 동영상을 업로드하고 공유하며 볼 수 있는 동영상 공유 웹사이트. 2004년 11월에 자크 클라인과 제이크 로드윅이 설립했고, 비메오라는 이름은 공동 창업자 제이크 로드윅이 비디오(video)와 미(me)를 합쳐 지은 것으로 이는 이용자가 직접 만드는 영상물 중심을 이야기한다.

② 바이럴 마케팅의 성공 법칙

알기 쉬운 동영상이나 이모션한 콘텐츠 이미지를 넣어라: 도구와 매체에 맞게 "전하고 싶은 것"을 심플하고 가독성 있게 표현하는 것이 성공의 지름길이다. 사람들은 강렬하고 긍정적이고 감성을 느낄 수 있는 것을 공유하기를 좋아한다. 이 비디오를 공유받은 사람들은 그 비디오를 공유해준 사람에 대해서 호감을 느끼는 것 같다. 이러한 상승작용이 이 비디오가 빠르게 공유된 원동력이었던 것 같다.

• 트렌드에 따른 내용—시장 감각과 트렌디를 잡는 것이 중요하듯이 바이럴 마케팅에서도 트렌드를 도입하는 것은 성공의 요소가 될 수 있다. 그 시기에 맞추어 철저한 계획을 쌓는 기간도 고려해야 한다.

• 의외성 · 화제성—Airbnb처럼 서비스 자체가 의외성이나 화제성을 갖고 있었던 것처럼 '지금까지 없었던, 실현될 수 없었던'에 가까운 내용이 반드시 필요하다. 어디에나 있고 이미 세상에 퍼져있는 서비스에서 큰 확산력은 기대할 수 없을 것이다.

포브스 선정 세계 부자 순위 1위~15위(2024년)
(Forbes가 발표한 WORLD'S BILLIONAIRES LIST)

(2024.1.27. 기준)

1위: 베르나르 아르노(프랑스, 73세, LVMH 그룹〈루이비통, 크리스찬 디오르, 지방시, 펜디, 마크 제이콥스, 불가리, 쇼메, 돔 페리뇽 등〉)
  재산: 약 2,076억달러, 한화 277조 7,688억원

2위: 일론 머스크(미국, 53세, 테슬라, 스페이스 X)
  재산: 약 2,047억달러, 한화 273조 8,866억원

3위: 제프 베이조스(미국, 60세, 아마존)
  재산: 약 1,813억달러, 한화 242조 5,794억원

4위: 래리 앨리슨(미국, 79세, 오라클)
  재산: 약 1,422억달러, 한화 190조 2,636억원

5위: 마크 저커버그(미국, 40세, 페이스북)
  재산: 약 1,391억달러, 한화 186조 1,158억원

6위: 워렌 버핏(미국, 93세, 버크셔 해서웨이)
  재산: 약 1,272억달러, 한화 170조 1,936억원

7위: 래리 페이지(미국, 51세, 구글)
  재산: 약 1,271억달러, 한화 170조 598억원

8위: 빌 게이츠(미국, 68세, 마이크로소프트)
  재산: 약 1,229억달러, 한화 164조 4,402억원

9위: 세르게이 브린(미국, 50세, 구글)
  재산: 약 1,217억달러, 한화 162조 8,346억원

10위: 스티브 발머(미국, 68세, 마이크로소프트)
  재산: 약 1,188억달러, 한화 158조 9,544억원

11위: 무케시 암바니(인도, 67세, 릴라이언스 인더스트리, Dibersified)
  재산: 약 1,171억달러, 한화 155조원

12위: 아만치오 오르테가(스페인, 88세, Zara)

    재산: 약 1,142억달러, 한화 148조 4,600억원

13위: 마이클 블룸버그(미국, 82세, 불룸버그 LP)

    재산: 약 1,062억달러, 한화 138조 600억원

14위: 카를로스 슬림 엘루(멕시코, 84세, 텔레콤)

    재산: 약 1,026억달러, 한화 133조 3,800억원

15위: 프랑소와즈 베탕쿠르 메이어와 가족(프랑스, 71세, 로레알 그룹〈로레알, 랑콤, 메이블린, 비오템, 슈에무라, 아르마니, 까샤렐 등〉)

    재산: 약 963억달러, 한화 125조 1,900억원

  ⋮

56위: 마사요시 손(일본, 66세, 텔레콤, 투자회사)

    재산: 약 311억달러, 한화 40조 4,300억원

  ⋮

200위: 이재용(대한민국, 56세, 삼성)

    재산: 약 98억달러, 한화 13조 1,124억원

한국 대기업 그룹 재계 순위(자산총액, 그룹대표)

1위	삼성	457조 3050억원	이재용
2위	현대자동차	246조 840억원	정의선
3위	SK	239조 5300억원	최태원
4위	LG	151조 3220억원	구광모
5위	롯데	117조 7810억원	신동빈
6위	포스코	82조 360억원	
7위	한화	72조 8980억원	김승연
8위	GS	67조 6770억원	허창수
9위	HD현대	63조 8030억원	정몽준
10위	농협	63조 5520억원	
11위	신세계	46조 4090억원	이명희
12위	KT	37조 7010억원	
13위	CJ	34조 6760억원	이재현
14위	한진	33조 6000억원	조원태
15위	두산	29조 6590억원	박정원
16위	LS	25조 2430억원	구자홍
17위	부영	23조 3210억원	이중근
18위	카카오	19조 9520억원	김범수
19위	DL(대림)	19조 6270억원	이준용
20위	미래에셋	19조 3330억원	박현주

21위~40위까지는 차례로 현대백화점, 금호아시아나, 에쓰오일, 셀트리온, 한국투자금융, 교보생명보험, 네이버, 에이치디씨, 효성, 영풍, 하림, 케이티앤지, 케이씨씨, 넥슨, 대우조선해양, 넷마블, 호반건설, SM, DB, 코오롱 순서이다.

마무리를 하면서

한 학기의 강의를 마치면서 마지막으로 여러분에게 꼭 전하고 싶은 말입니다.
평생 잘 기억하기 바랍니다.

세계 최초로 '앙트러프러너십'(Entrepreneurship, 기업가정신) 학부 교육을 실시한 미국 뱁슨칼리지(Babson College)에서 MBA(경영학 석사)를 졸업한 학생을 대상으로 동창회 명부를 통해 자료 발송. 대부분 부자가 되었을 것이라고 생각했는데, 부자가 되거나 성공한 사람은 10%도 안 되었다.

출처: 한국대학신문

로버트 론스타트 박사의 성공자와 그 반대자의 설문조사 결과

성공과 부자가 되는 데 가장 큰 도움이 된 것은 무엇인가라는 물음에,

성공한 졸업생들은 "용기를 내서 도전한 도전정신이 성공에 큰 밑바탕이 됐다."
성공하지 못한 졸업생은 "상황이 좋지 않아 좋아지기를 기다리고 있는 중" 또는 "상황이 좀 더 완벽하게 되기를 기다리는 중", "상황이 좀 안정되기를 기다리는 중"이라고 답했다.
즉, 성공자와 성공하지 못한 자의 차이는 "용기를 내서 도전했는가 아니면 상황이 완벽해지기를 기다리고 있었는가?"의 차이이다.

여러분은 미래를 위해 용기를 내서 도전하겠습니까?
상황이 완벽해지기를 기다리겠습니까?
아니면 그 자리에서 도망가겠습니까?
성공은 멀리 있는 것이 아니라 이미 여러분 안에 있는 것입니다.

시도하지 않으면 아무것도 할 수 없다

재능이 존재하느냐 아니냐는 당신 자신에게 달려 있다. 해결책은 지금 바로 그것을 실행해 보는 것이다.

기억하라! '공짜' 치즈는 쥐덫 안에 있다는 것을

진정한 성공의 법칙은 많이 주고, 많이 베풀고, 많은 노력을 하는 것이다.

에스키모(Eskimo)인들이 어떻게 늑대를 잡을까? 그들은 면도칼처럼 날카로운 칼에 피를 흠뻑 묻힌 다음 그것을 얼립니다. 그리고 날카로운 칼날이 위쪽을 향하게 얼어붙은 땅 속에 칼의 손잡이를 박아 놓습니다. 그러면 피 냄새를 맡은 늑대들이 와서 칼날을 핥습니다. 얼어서 무감각해진 늑대의 혓바닥은 어느새 날카로운 칼끝을 핥기에 이릅니다. 자신의 피를 흘리기 시작한 늑대는 그 피에 끌려 더욱더 빠른 속도로 계속해서 칼날을 핥습니다. 죽음에 이를 때까지…….

지그지글러, 『시도하지 않으면 아무것도 얻을 수 없다』, 큰나무, 2006년, 15쪽.

'불가능해'라는 말은 '다시 한 번 시도해야 해'라는 말과 같은 말이다

장애물이 나타나더라도 목표 지점에 이르기 위한 결심은 바꾸지 말고 그 지점에 이르는 방향만 바꾸어라.

시간 은행에는 이자가 붙지 않는다

당신은 오늘 1440분(minutes)의 아름다운 순간들을 어떻게 보낼 것인지를 생각해라. 그리고 그 순간들을 현명하게 보내라.

매년 새해가 시작되면 당신은 시간은행 계좌에 525,600분을 예치해 둡니다. 이 시점에서 중요한 질문을 하나 한다면, "그 시간을 모두 어디에 쓸 것인가?"라는 것입니다. 당신은 바로 지금 이 순간에 자신이 보유하고 있는 그 귀중한 시간을 어떻게 쓰고 있습니까? 분명히 말해서, 우선 당신은 자신에게 주어진 일 중 어떤 것이 우선되어야 할지를 구분해야 합니다. 그런 다음 당신의 능력이 허락되는 한 최선을 다해 모든 일을 순차적으로 진행하면 됩니다.

성공은 행동하는 여러분의 손에 달려 있습니다.

찾아보기

저자약력

중국 남경대학(南京大學) 수료. 역사학박사
한국교회사연구소 연구원, 동아시아경제연구원 연구위원
가톨릭신문사 중국주재 기자
서강대, 중국 남경대학, 중국 남경사범대학, 한양대, 한성대, 단국대,
   남서울대, 충북대, 충청북도 공무원연수원 강사
중국 길림동화학원 객좌교수
현 충북보건과학대학 교수
   충청북도 명예대사
   아시아천주교사연구회장

기업가정신 강의노트 [제2판]

2022년 9월 5일 초판 발행
2024년 8월 30일 제2판 1쇄 발행

저 자	신 의 식	
발행인	배 효 선	

발행처   도서출판   **法 文 社**

주 소   10881 경기도 파주시 회동길 37-29
등 록   1957년 12월 12일 제2-76호(윤)
TEL   (031)955-6500~6 FAX (031)955-6525
e-mail (영업) bms@bobmunsa.co.kr
      (편집) edit66@bobmunsa.co.kr
홈페이지   http://www.bobmunsa.co.kr
조 판   (주)성 지 이 디 피

정가 21,000원   ISBN 978-89-18-91547-0